"十三五"高职高专跨境电商专业系列规划教材

跨境电子商务与知识产权保护

◎韩　旭　崔今丹　主编　◎马　莉　副主编

Cross Border E-commerce
and Intellectual Property
Protection

电子工业出版社

Publishing House of Electronics Industry

北京·BEIJING

未经许可，不得以任何方式复制或抄袭本书之部分或全部内容。
版权所有，侵权必究。

图书在版编目（CIP）数据

跨境电子商务与知识产权保护 / 韩旭，崔今丹主编. —北京：电子工业出版社，2020.3
ISBN 978-7-121-38195-9

Ⅰ. ①跨… Ⅱ. ①韩… ②崔… Ⅲ. ①电子商务－知识产权保护－中国－高等学校－教材 Ⅳ. ①D923.4

中国版本图书馆 CIP 数据核字(2019)第 298133 号

策划编辑：刘淑丽
责任编辑：刘淑丽　　文字编辑：孙润月
印　　刷：北京七彩京通数码快印有限公司
装　　订：北京七彩京通数码快印有限公司
出版发行：电子工业出版社
　　　　　北京市海淀区万寿路 173 信箱　邮编 100036
开　　本：787×1092　1/16　印张：9.75　字数：180 千字
版　　次：2020 年 3 月第 1 版
印　　次：2024 年 2 月第 5 次印刷
定　　价：38.00 元

凡所购买电子工业出版社图书有缺损问题，请向购买书店调换。若书店售缺，请与本社发行部联系，联系及邮购电话：(010) 88254888, 88258888。
质量投诉请发邮件至 zlts@phei.com.cn，盗版侵权举报请发邮件至 dbqq@phei.com.cn。
本书咨询联系方式：(010) 88254199，sjb@phei.com.cn。

"十三五"高职高专跨境电商专业系列规划教材建设委员会

顾问：

沈建根	嘉兴职业技术学院副院长　研究员
陆金英	嘉兴职业技术学院外语与贸易学院院长
肖　旭	浙江金融职业学院国际商学院院长助理　副教授
祝万青★	嘉兴市跨境电商协会秘书长　浙江英卡顿网络科技有限公司总经理

主任：

王　艳	嘉兴职业技术学院外语与贸易学院副院长　副教授

委员：（按姓名拼音次序排列）

陈　琳★　程　涛★　崔今丹　韩　旭　何　哲　黄　毅
黄亚萍　贾　超★　刘　勇　刘永举★　罗　俊　马　莉
马彩英★　沈旦豪★　仝　玺　吴荣林★　项　捷　徐娟娟
张　玲★　郑苏娟

★表示企业专家。

前言

跨境电子商务迅速发展的同时，因知识产权问题引发的争议层出不穷，这在一定程度上制约了跨境电商企业的健康发展，因而知识产权的重要性被越来越多的企业所认可。为此，我校在2016年率先面向国际商务（跨境电商方向）专业的学生开设了"跨境电子商务与知识产权保护"这门课程，重点对跨境电商领域常见的专利、商标、著作等知识产权问题进行系统的讲解，分析跨境电商领域知识产权问题频发的原因，并且提出有针对性的预防对策，旨在提高大学生的知识产权意识，增强其对于知识产权重要性的认识，树立依法管理、经营的理念。

本书作为高等职业学校外贸类专业的必修课程的基础教材，主要针对普通高等职业学校、高等专科学校、成人高校、民办高校、应用型本科院校的教学需要编写。书中吸收了跨境电商理论与实践的最新成果，根据跨境电商企业对从业人员知识产权基本知识与技能的要求，注重对从业人员职业能力和法律素养的培养。

全书共8章，在编排体例上，立足教师教学和学生学习的需求，在全方位服务师生的同时，兼顾了学生职业方向和用人单位的需要。每章设有知识目标、能力目标和素质目标，并且设置导入案例与案例分析题，既便于教师课堂讲授，也有助于培养学生独立思考、自主学习的能力。

本书由嘉兴职业技术学院的韩旭、崔今丹担任主编，嘉兴南洋职业技术学院的马莉担任副主编。具体编写分工如下：韩旭编写第一、四、五、六、七、八章，崔今丹编写第二章，马莉编写第三章，最后由韩旭负责统稿。

本书在编写过程中吸收借鉴了大量国内外专家、学者的研究成果，参考了大量的相关著作、教材和网络资源，在此谨向所有专家、学者表示衷心的感谢！同时感谢电子工业出版社的编辑们为此书的顺利出版付出的辛勤劳动！

本书是编者们集体智慧的结晶，由于时间、能力所限，疏漏之处在所难免，恳请广大读者批评指正。

韩　旭
2019年12月

目录

第一章　概述 1
  第一节　我国跨境电商发展的基本现状与趋势 2
  第二节　我国知识产权保护的基本现状 5
  第三节　跨境电商知识产权保护的必要性 9

第二章　认识知识产权法 13
  第一节　知识产权的概念、特征及主要分类 14
  第二节　我国知识产权立法的现状 20
  第三节　我国知识产权法的国际化走向 23
  第四节　知识产权在跨境电子商务中的主要应用表现 25

第三章　跨境电商领域的知识产权风险 30
  第一节　跨境电商领域的商标侵权风险 31
  第二节　跨境电商领域的专利侵权风险 40
  第三节　跨境电商领域的版权侵权风险 46
  第四节　跨境电商领域的商业秘密侵权风险 48

第四章　跨境电商知识产权风险的规避 53
  第一节　商标风险的规避 55
  第二节　专利风险的规避 57
  第三节　版权风险的规避 59
  第四节　商业秘密风险的规避 62

第五章　跨境电商知识产权侵权纠纷的应对 ... 64

第一节　知识产权侵权责任及其构成要件 ... 65
第二节　知识产权侵权责任的内容 ... 68
第三节　知识产权侵权的应对措施 ... 72

第六章　跨境电商主要平台知识产权的具体保护规则 ... 80

第一节　阿里巴巴国际站平台知识产权规则 ... 81
第二节　全球速卖通平台知识产权规则 ... 84
第三节　Wish 平台知识产权规则 ... 86
第四节　亚马逊平台知识产权规则 ... 87
第五节　eBay 平台知识产权规则 ... 89
第六节　敦煌网平台知识产权规则 ... 91

第七章　知识产权国际保护制度 ... 96

第一节　知识产权国际保护制度概述 ... 98
第二节　世界知识产权组织及其管理的国际公约 ... 100
第三节　世界贸易组织及《与贸易有关的知识产权协定》 ... 119
第四节　与知识产权相关的其他国际条约 ... 122

第八章　知识产权查询常用工具 ... 130

第一节　商标查询工具 ... 132
第二节　专利查询工具 ... 138
第三节　版权查询工具 ... 143

参考文献 ... 149

第一章

概述

学习目标

知识目标

- 掌握我国跨境电商发展的基本现状
- 掌握我国知识产权保护的基本现状

能力目标

- 把握跨境电商发展的基本趋势
- 明确知识产权侵权的法律后果

素质目标

- 树立知识产权法律观念
- 提高对跨境电商知识产权保护重要性的认识

 导入案例

2016年4月25日,杭州海关宣布,与跨境电商平台联手查获了1 049个邮包、1 181双侵权运动鞋、近1 000个境外收件人、近万条相关交易数据……这是全国首起应用大数据分析查获的互联网跨境渠道出口侵权案件，这些信息背后隐藏着一个通过互联网跨境电商平台向境外销售侵权商品的售假团伙。

据杭州海关人员介绍，侵权假冒"阿迪达斯"运动鞋的1 049个邮包分批次从义乌、宁波寄往意大利、西班牙等欧洲国家，邮包均通过阿里巴巴旗下的一个跨境电商平台交易出口。在接到海关通报的线索后，阿里巴巴电商平台迅速对侵权邮包涉及的千余条交易记录进行了追踪，对上万条关联数据进行了反复比对，对相关账号进行了串并分析。海关与电商平台联手，运用大数据分析揪出了侵权邮包的"幕后黑手"：初步查找出多个具有团伙性质的互联网销售不法商家，其中一个账号有着重大嫌疑。根据目前掌握的线索，这个账号借助互联网销售侵权商品并分拆成一个个邮包邮寄出口，仅一年时间，销售金额就超过20万美元。

讨论：这种行为属于哪种知识产权侵权行为？谈谈你对这种行为的危害性的认识。

第一节 我国跨境电商发展的基本现状与趋势

一、跨境电商的基本类型

广义的跨境电商是指分属不同关境的交易主体，利用电子商务平台进行商品展示、达成交易，进行跨境支付和跨境物流运输的一类交易过程。狭义的跨境电商一般特指B2C零售业务。从本质上讲，供应商仍然将商品以一般贸易的方式"运出去"或"运进来"，但是这个过程以海外仓或保税仓为依托，以品类管理为基础，利用互联网技术进行运营和流通，从企业（B端）将商品销售给境内外消费者（C端）。因此，跨境电商既是传统外贸在"互联网+"背景下的延伸，也是电子商务在进出口贸易上的体现。根据贸易方向的不同，跨境电商可以分为跨境进口和跨境出口；根据交易方式的不同，跨境电商又可以分为企业对企业（B2B）和企业对消费者（B2C）。因此，综合来看，一般将跨境电商分为四个小类，分别是跨境出口B2B、跨境出口B2C、跨境进口B2B、跨境进口B2C。

目前，占据主导地位的跨境电子商务主要是B2B和B2C模式，其次是C2C模式。在B2B模式下，大量的国内外企业通过国际互联网寻找商机，建立了更多的贸易伙伴关系，从而表现为企业与企业之间的国际电子商务贸易是主流。企业对电子商务的运用以广告和信息发布为主，成交和通关流程基本在线下完成，本质上仍属传统贸易,已纳入海关一般贸易统计。在 B2C 模式下,我国企业直接面对国外消费者,以销售个人消费品为主,物流方面主要采用航空小包、邮寄、快递等方式,其报关主体是邮政或快递公司。2013 年 8 月 21 日,国务院发布《关于实施支持跨境电子商务零售出口有关政策的意见》,在国家政策和有关电子商务服务平台的推动下,C2C 模式也得到了快速的发展。在 C2C 模式下,个人在国际网络销售平台注册认证成为卖家,发布商品信息,买家询盘并成交后,通过国际物流完成货物交付。

二、我国跨境电商发展的基本现状

我国进出口贸易总额增长迅速,从 1949 年的 41.3 亿元人民币到 2018 年的 30.51 万亿元人民币,70 年间中国的贸易总额增长了 7 387 倍,如表 1-1 所示。

表 1-1 2009—2018 年我国进出口贸易总额

(单位:亿元)

年 份	进出口总额	世界排名	出口总额	进口总额	顺逆差额
2018	305 100	1	164 200	140 900	23 300
2017	277 900	1	153 300	124 600	28 700
2016	243 300	2	138 400	104 900	33 500
2015	245 900	1	141 400	104 500	36 900
2014	264 300	1	140 039	120 400	23 500
2013	258 300	1	137 200	121 100	16 100
2012	244 160	1	129 359	114 801	14 558
2011	236 402	2	123 240	113 161	10 079
2010	201 722	1	107 022	94 699	12 323
2009	150 648	1	82 029	68 618	13 411

与传统外贸 B2B 出口电商相比,跨境 B2C 出口电商能够有效减少流通环节,提升运营效率。在传统进出口贸易中,A 国商品最终到达 B 国消费者手中,一般会经历生产商、出口商、进口商、批发商、零售商等主体,整个交易环节繁杂、层层加价、耗时较长,因此消费者最终的成交价格和时效体验都较差。跨境电商的出现大大提升了运营效率,除了将交易从线下移到线上,跨境电商还较大程度地精简了所涉及的主体,工厂生产的商品仅需通过电商平台撮合交易即可到达最终消费者手

中。一方面，精简环节使得流通费用减少，生产者与消费者双双受益；另一方面，外贸交易门槛降低，更多的企业可以"走出去"，扩大外贸规模。另外，相对于传统贸易分销商，跨境电商提供产品的丰富度和可选品类大幅增加，产品更新速度快，更加切中海外消费者的痛点。

近年来，跨境电商行业生机勃勃，为我国的外贸发展提供了新的动力。2015年3月12日，国务院发布《国务院关于同意设立中国（杭州）跨境电子商务综合试验区的批复》。2016年1月6日，国务院常务会议决定，在天津、上海、重庆、合肥、郑州、广州、成都、大连、宁波、青岛、深圳、苏州12个城市设立第二批跨境电子商务综合试验区。2018年7月24日，国务院同意在北京、呼和浩特、沈阳、长春、哈尔滨、南京、南昌、武汉、长沙、南宁、海口、贵阳、昆明、西安、兰州、厦门、唐山、无锡、威海、珠海、东莞、义乌22个城市设立跨境电子商务综合试验区。截至2018年7月，我国共设有35个跨境电子商务综合试验区。试验区通过制度创新、管理创新、服务创新和协同发展，破解跨境电子商务发展中的深层次矛盾和体制性难题，打造跨境电子商务完整的产业链和生态链，逐步形成一套适应和引领全球跨境电子商务发展的管理制度和规则，促进跨境电商行业的快速发展。

《2018—2019中国跨境电商市场研究报告》显示，2016—2018年，中国跨境电商交易规模持续上涨，从6.3万亿元增长到9.1万亿元，用户规模超1亿人，预计2019年达到10.8万亿元，而这一增长趋势会继续保持。

三、我国跨境电商的发展趋势

1. 跨境电商本土化面临"新发展"

跨境电商的本土化，在出口电商行业已经成为共识。尽管近年来各大跨境电商在不断地加快本土化的进程，但是中国出口电商的"本土化"依然在路上，距离真正实现出口电商平台在入驻国的落地，还有很长的路要走。中国出口电商或再出"大招"，或加大所在国电商平台的合作力度，或深化海外仓、物流建设，或打造线下出口展馆，或加强海外团队的运营推广，等等。加大海外市场布局，进一步落实本土化，提升海外买家的平台购物体验和复购率，提升出口电商平台的知名度和美誉度，将成为中国出口电商的着力重点。

2. 制造工厂上线平台已成趋势，线下服务将成为"新课题"

近年来，电商的竞争不仅体现在市场的拓展和平台流量的获取方面，打造优质的供应链也成为各大电商的共识,因此,争取制造工厂上线平台,提升平台产品质量,减少贸易的中间环节,也成为各大电商,尤其是出口电商竞争的重点。平台对工厂上线的线下服务和支持,将成为制造工厂选择出口电商平台的重要依据。

3．中国出口电商 M2B 模式或有"新突破"

M2B（Maker to Business）意为生产商直接面对经销商,是驾驭在电子商务之上的一种新型交易模式,是一个以节省厂商销售成本和帮助下游经销商采购链资源整合的运作模式。对比国内 B2B 跨境电商平台,M2B 模式解决了以下几个问题：一是 M2B 模式让工厂直接面对采购商,取消了中间商,提高了效率和效益;二是卖家均为规模化生产的工厂,可确保平台产品的质量,从根本上解决了 B2B 平台长期存在的质量问题;三是卖家产品均有自主商标,使培育和打造品牌有了前提,为全面树立中国制造的世界中高端品牌打下了坚实的基础;四是有效解决了平台同质化和恶性竞争的问题。规模化生产的工厂作为卖家的唯一性,决定了平台产品差异化的特点,定价权回归工厂,从根本上解决了 B2B 平台存在的"低价竞争"和"恶性竞争"的问题。

4．非洲市场、南美市场将成为中国出口电商的"新蓝海"

目前,中国出口电商的主要市场,除美国外,主要集中在东南亚、中亚、欧洲,近年来的印度、俄罗斯市场也有较大渗透和拓展。2017 年,中国各大出口电商除进一步加大对原有市场的渗透和占有力度外,进一步开发、拓展南美市场、非洲市场也将成为中国出口电商努力的方向。

5．出口电商在平台的流量获取将有"新拓展"

近年来,各电商平台在平台的推广上主要依靠 Google、邮件、广告投放、Facebook 社交平台等手段。随着世界各国出口电商飞速发展,尤其是移动互联网的兴起,竞争愈加激烈,单纯依靠传统的推广手段,要在国际市场分一杯羹变得愈加困难。因此,通过线上线下相结合,充分利用互联网新技术,多元化地拓展推广渠道,也将成为出口电商发展的重点。

第二节　我国知识产权保护的基本现状

近年来,在国家的高度重视、社会各界的积极参与下,我国知识产权保护工作取得了显著成效，知识产权保护的社会满意度持续提升。2018年4月26日，国家知识产权局发布《2018年知识产权保护社会满意度调查报告》。调查报告显示，我国知识产权保护社会满意度由2012年的63.69分，提高到2018年的76.88分，提高了13.19分，总体步入良好阶段，如图1-1所示。

图1-1　近年来我国知识产权保护社会满意度调查结果

一、我国知识产权保护的现状

2018年6月28日，国务院新闻办公室发表《中国与世界贸易组织》白皮书，这是中国首次就这一问题发表白皮书。白皮书全文约1.2万字，除前言、结束语外，共包括四个部分。在第一部分"中国切实履行加入世贸组织承诺"中，白皮书就我国履行知识产权保护承诺的情况进行了专门介绍。

1. 加强知识产权保护是中国的主动作为

加强知识产权保护是完善产权保护制度最重要的内容，也是提高中国经济竞争力最大的激励。中国推进知识产权保护，不仅符合自身发展需要，也有助于进一步完善法治化、国际化、便利化的营商环境。中国鼓励中外企业开展正常技术交流合作，依法保护在华外资企业的合法知识产权，同时，希望外国政府加强对中国知识产权的保护。

2. 构建完备的知识产权保护法律体系

加入世贸组织后，中国建立健全知识产权法律法规，与多个国家建立知识产权工作机制，积极吸收借鉴国际先进立法经验，构建了符合世贸组织规则和中国国情的知识产权法律体系。近年来，修订《商标法》，增加了惩罚性赔偿制度；修订《反不正当竞争法》，进一步完善了商业秘密的保护，同时明确市场混淆行为，引入标识的概念，拓宽对标识的保护范围。目前，正在加快推进《专利法》《著作权法》等法律的修订。

3. 持续加强知识产权保护执法力度

强化知识产权保护司法主导作用，把违法成本显著提上去，把法律威慑作用充分发挥出来。重新组建国家知识产权局，完善执法力量，加大执法力度。在北京、上海、广州设立三家知识产权法院，在南京、苏州、武汉、西安等15个中级法院内设立专门审判机构，跨区域管辖专利等知识产权案件。加大行政执法力度，针对重点违法领域，开展专利"护航"行动、打击网络侵权盗版"剑网"行动、出版物版权"扫黄打非"和"秋风"行动、打击侵权假冒的"网剑行动""质检利剑"打假行动等专项行动，有效保护了知识产权。

4. 知识产权保护效果明显

从2001年起，中国对外支付知识产权费年均增长17%，2017年达到286亿美元。2017年，中国发明专利申请量达到138.2万件，连续7年居世界首位，申请者中近10%为外国单位和个人；国外来华发明专利申请量达到13.6万件，较2001年3.3万件的申请量增长了3倍。世界知识产权组织公布，2017年，中国通过《专利合作条约》途径提交的专利申请受理量达5.1万件，仅次于美国，居全球第二位。

经济全球化为世界经济增长提供了强劲的动力，是不可逆转的时代潮流，中国与多边贸易体制休戚与共。中国将继续践行承诺、遵守规则，积极参与多边贸易体制建设，坚定支持世贸组织在全球经济治理中发挥更大作用。中国经济已由高速增长转向高质量发展，在这一历史进程中，中国将坚定不移地贯彻创新、协调、绿色、开放、共享的发展理念，完善社会主义市场经济体制，充分激发各类市场主体活力。中国将把创新作为引领发展的第一动力，以更加开放的态度，继续加强创新和知识产权保护，加强国际交流合作，使技术发展和创新不仅造福中国，而且惠及世界，让越来越多的人享受科技发展带来的便利。

二、我国知识产权保护方面存在的主要问题

1. 知识产权执法难

"执法难"一直是我国法治建设道路上的"拦路虎"。尽管"入世"已有近二十年，可假冒、盗版、山寨等侵权行为依然屡禁不止。其一是源于中国传统的"和"文化理念，不愿伤和气，不到迫不得已不愿诉诸法律，即使是权利义务关系十分简单明确的纠纷也不能得到及时解决；其二是人们的法治观念不强、权利义务观念淡薄，导致许多时候法院的判决不能有效实施，权利人的权益得不到切实维护；其三是执法环境不健康，人情、关系乃至权力的干预，也是影响执法的现实因素；其四是知识产权执法职能部门不作为或少作为，成为知识产权侵权屡禁不止的助推剂。

2. 知识产权行政保护与司法保护衔接不顺

司法保护和行政保护作为知识产权法律保护的两种基本方式，在知识产权制度中起着重要作用。司法保护是知识产权权利人依法解决争议的一种解决争端的方式，属于被动执法方式；而行政保护是一种主动执法方式，但更多的案件是在行政机关收到申请或投诉后才启动的，涉案的主动权不多。同时，中国知识产权行政管理机关众多，如公安部、信息产业部、商务部、文化部、海关总署、知识产权局等，这些部门之间行政执法权分散，导致交叉执法严重，一旦出现知识产权侵权案件，权利人很难准确判断应向哪个部门寻求法律保护，甚至出现各部门争管或不管的现象，不利于权利人及时进行维权。

3. 知识产权立法工作相对滞后

我国知识产权立法主要表现为《著作权法》《商标法》《专利法》《信息网络传播权保护条例》《知识产权海关保护条例》等。目前的法律体系缺少统一的具有统领作用的知识产权基本法，过于注重具体的知识产权保护，从结构上看是不完备的。这导致了法律规范和法律责任的不统一，造成了知识产权法律体系内部各法律条例之间的相互协调和整合作用的缺失。与发达国家相比，我国现有知识产权立法仍然存在较大的差距，电子商务方面的法律体系尚未健全，关于跨境电商知识产权保护的相关立法也不完备，因而已不能满足跨境电商迅猛对于知识产权保护的迫切要求。

4. 民众知识产权意识没有得到应有的提升

"入世"近二十年来，虽然我国知识产权法律不断健全、执法力度不断加强、法治环境整体改善，但无论是企业还是公民个人，知识产权法律意识依然没有提升到

应有的高度，这主要表现在以下几个方面。

（1）相当一部分公民还不知道知识产权为何物，这些人主要生活在社会底层，他们往往经受不住利益的诱惑，有意或无意地实施侵权行为，如制作销售盗版光盘、假冒商标或侵犯驰名商标，而普通消费者贪图便宜，乐意购买明知是盗版的商品，这在一定程度上助长了盗版等侵权行为的发展。

（2）知识产权法制宣传教育力度不够。知识产权制度在我国起步晚，再加之其专业性强，国内相当一部分公民对知识产权知之甚少。政府机关、职能部门、媒体、学校对知识产权的宣传教育也没有提上议事日程，很少有关于知识产权制度的宣传教育，许多大学都没有设置专门的知识产权课程。近年来，各级法院办理知识产权纠纷案件屡见不鲜，可媒体在这方面的宣传报道很少。

（3）缺乏创新精神。尽管"创新驱动"已经成为国家战略，党和国家领导人多次谈到要鼓励创新，要把我们的国家建设成为创新型国家。但中国要创造出自主品牌，就只能依靠创新；要使中国企业能在激烈的国际竞争中获得更多的市场份额，就必须大力鼓励民族企业发扬创新精神，研发出有自主知识产权的品牌产品。通过"入世"后近二十年的市场发展，国内有一些知名企业，如海尔、远大、格力等，凭借自主知识产权在国际市场中占有了一席之地。可还有大量的企业并没有意识到知识产权的重要性，缺乏创造自主品牌的危机感，只顾眼前，不考虑长远，没有全球化战略的远见卓识。

（4）因法律意识淡薄导致维权意识淡薄，缺乏法治思维。许多时候，权利人明知自己的权利受到侵害，但不到万不得已也不会主动维权。

第三节　跨境电商知识产权保护的必要性

知识产权是设定在特定创新性智力成果上的专有权、排他权。知识产权制度是通过对智力成果强制设定垄断专有性权利进行保护，达到鼓励创新的一系列制度。

2015年3月7日，国务院国函〔2015〕44号文件，同意设立中国（杭州）跨境电子商务综合试验区，试验区以深化改革、扩大开放为动力，着力在跨境电子商务交易、支付、物流、通关、退税、结汇等环节的技术标准、业务流程、监管模式和信息化建设等方面先行先试，通过制度创新、管理创新、服务创新和协同发展，破解跨境电子商务发展中的深层次矛盾和体制性难题，打造跨境电子商务完整的产业链和生态链，逐步形成一套适应和引领全球跨境电子商务发展的管理制度和规则，为推动全国跨境电子商务健康发展提供可复制、可推广的经验。

作为中国电子商务之都，杭州的电子商务贸易一直处于全国领先的地位，发展速度快，但近年来知识产权问题频发。例如，2015年12月—2016年1月，杭州海关与电商平台联手查获了互联网跨境电子商务出口侵权案件，并首次利用大数据分析追踪锁定侵权邮包背后的制假售假源头。这也是全国首起应用大数据分析查获的互联网跨境渠道出口侵权案件——1 049个邮包、1 181双冒牌阿迪达斯运动鞋、近千个境外收件人，经过品牌权利人鉴定，被查获的邮包均为冒牌货，侵犯了"阿迪达斯"商标权。电子商务越来越发达，利用跨境电商平台将侵权商品输往海外，隐蔽性较强，海关查获起来难度也更大。可见，跨境电子商务的健康发展急需知识产权的保驾护航。

一、知识产权是电商企业创新的原动力

在跨境电商活动中，大多数的知识产权是以数据信息，即文字、声音、影像、图形、计算机程序等形式呈现的，牵涉到著作权、专利权、商标权等多种类型的知识产权。这些类型的知识产权不仅可以传递某商品所蕴含的独特信息，而且可以彰显商品的品质及其附加值。跨境电商活动中，大多数买家没办法亲自检查该商品的真实情况，只能通过商品表面的著作权、专利权、商标权来识别境外出口商的信誉、商品的品质。科技创新的原动力来源于对知识产权的有效保护。知识产权保护的有效途径可以通过技术信息的公开制度，将已有的知识产权信息加以传播和应用，通过法律保障知识产权权利人的合法权益，从而促进新技术和新产品的不断推陈出新。

二、知识产权是电商企业重要的无形资产

专利、商标、商业秘密、版权等知识产权越来越成为现代企业的关键资源，现代企业之争越来越表现为专利、商标等知识产权资产的竞争。为了开发知识产权资产，企业需要投入大量的资金、设备、人才，才能达到应有的规模和产生更高的收益。知识产权资产是智慧的产物，如果商品或服务融入了知识产权资产，该商品或服务因此也就获得了极高的附加值。以一件贴有品牌标识和专利技术的商品为例，该商品的成本不仅包含了设计、原材料、生产加工到产出的成本，还包括商标和专利等知识产权资产使用的成本，这也是商品的附加值所在。一件商品，凝聚的知识

产权资产价值越高,它的价格就越高,也就越畅销。

三、知识产权是电子商务的重要内容

电子商务以电子信息为主要沟通媒介,客户通过商标和网络平台商识别网店的产品,并且决定是否下单,因此国内卖家及网络平台商会通过知识产权进行域外营销。此外,知识产权产品往往是跨境电子商务的直接交易对象,方便且快捷,更加促进了诸如数字化音乐、视频、电影、文学、软件系统的交易。因此,不存在没有知识产权的电子商务。

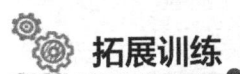

拓展训练

一、单项选择题

1. 2015年3月7日,国务院批准设立的中国第一个跨境电子商务综合试验区在( )。

　　A. 杭州　　　　　　　　　　B. 郑州
　　C. 南京　　　　　　　　　　D. 上海

2. ( )模式让工厂直接面对采购商,取消了中间商,提高了效率和效益。

　　A. M2B　　　　　　　　　　B. B2B
　　C. B2C　　　　　　　　　　D. C2C

二、多项选择题

1. 我国知识产权保护方面存在的主要问题有( )。

　　A. 知识产权执法难　　　　　B. 行政与司法保护衔接不顺
　　C. 知识产权立法相对滞后　　D. 知识产权意识不强

2. 目前中国出口电商的主要市场,除美国外,主要集中在( )地区,俄罗斯市场也有较大的渗透和拓展。

　　A. 东南亚　　　　　　　　　B. 中亚
　　C. 欧洲　　　　　　　　　　D. 印度

三、案例分析题

最高人民检察院于 2017 年 4 月 25 日发布了"2017 年全国检察机关保护知识产权十大典型案例",分别是:

(1)江苏无锡市张承兵等人假冒注册商标、洪立洲等人销售假冒注册商标的商品、黄孟浩非法制造、销售非法制造的注册商标标识案;

(2)北京海淀区宗冉、陈令杰、王旭侵犯著作权案;

(3)陕西商洛市聂忠桥、吴传霞销售假冒注册商标的商品案;

(4)天津河北区魏伟、张玉鹏等 7 人假冒注册商标案;

(5)云南曲靖市赵广生等 6 人假冒注册商标案;

(6)四川成都市林文勇、马骏、张翔侵犯著作权案;

(7)安徽合肥市徐林、李玉福销售假冒注册商标的商品案;

(8)山东沂水县刘竹丽、刘竹春非法销售非法制造的注册商标标识、销售假冒注册商标的商品案;

(9)福建宁德市张五堂、钟开富侵犯商业秘密案;

(10)湖南长沙市中国音像著作权集体管理协会因著作权侵权纠纷申请支持起诉系列案。

认真阅读上述 2017 年我国检察机关保护知识产权十大典型案例,并且问答下列问题。

1．每个案件所争议的客体是什么?

2．知识产权十大典型案例涉及哪些知识产权问题?

3．导致知识产权纠纷的主要原因是什么?

四、简答题

1．我国知识产权保护的基本现状是什么?

2．我国在知识产权保护方面存在哪些主要问题?

3．跨境电商领域知识产权保护的必要性表现在哪些方面?

第二章

认识知识产权法

 学习目标

知识目标

- 掌握知识产权的概念
- 掌握网络环境下知识产权的新变化
- 掌握知识产权在跨境电子商务中的主要作用与价值

能力目标

- 了解跨境电子商务领域中涉及的知识产权侵权行为
- 把握现行跨境电子商务知识产权保护面临的问题
- 把握跨境电子商务中的知识产权保护的复杂性

素质目标

- 树立知识产权强保护的观念
- 提高对跨境电商领域知识产权保护重要性的认识

导入案例

2016年6月,速卖通平台通过大数据打假系统,发现文某及妻子陈某经营的两家店铺销售的施华洛世奇手表存在售假嫌疑,涉嫌侵犯施华洛世奇股份有限公司的"施华洛世奇Swarovski"商标专用权。

上述行为如果情节严重,涉嫌构成假冒注册商标罪或销售假冒注册商标的商品罪。《中华人民共和国刑法》(以下简称《刑法》)第二百一十三条规定,假冒注册商标罪是指违反国家商标管理法规,未经注册商标所有人许可,在同一种商品上使用与其注册商标相同的商标,情节严重的行为。《刑法》第二百一十四条规定,销售假冒注册商标的商品罪是指销售明知是假冒注册商标的商品,销售金额在五万元以上的行为。

讨论:《刑法》对于上述行为进行严厉打击并追究其刑事责任,其法理依据是什么?试分析上述行为的社会危害性。

第一节 知识产权的概念、特征及主要分类

一、知识产权的概念

知识产权又称为知识所有权,是指权利人对其智力劳动所创作的成果享有的专有权利。知识产权的有效时间有一定的限制,并且涉及的内容包括绝大多数由智力所创造出的事物,如发明、外观设计、文学、艺术作品商业标志、商业图像等。知识产权不仅可以体现在某个人身上,还可以体现在某一组织上。知识产权的诞生是人类社会发展到一定阶段的必然产物,起到了保护人们智力劳动成果的作用,而智力劳动成果往往是推动人类进一步发展的重要动力。因此,随着科学技术水平的不断进步,为了激发人们的科学探索和创作的欲望,保护产权人的利益,知识产权及其相关制度也在不断完善,但与此同时,专利权、著作权、商标权等知识产权受侵害的案例也越来越多。知识产权最早起源于17世纪初期,而在18世纪才诞生了专利说明书制度,在19世纪,法院开始受理知识产权侵权案件,并且产生了权利要求书制度。如今,人们生活的方方面面都涉及知识产权及其相关问题,尤其是在科技

发展、文学创作和商业竞争等领域，知识产权对推动人类社会进步起到了愈发无可替代的作用。

二、知识产权的特征

1. 知识产权的主要特点

知识产权主要有以下几种特点：第一，知识产权本质上是属于脑力劳动者的无形财产，通过合理地利用知识产权，脑力劳动者能够获得相应的利益；第二，知识产权专有于创造其的个人或组织；第三，知识产权仅仅在一定的时间范围内有效，不同国家甚至不同类型的创造物，其知识产权的年限都有一定的差异，如我国发明专利权的期限为 20 年，外观设计专利权和实用新型专利权的期限为 10 年，著作权的期限为作者终生及其去世后的 50 年；第四，知识产权具有地域性的特点，许多内容仅在一定地域范围内生效；第五，部分知识产权需要通过一定的法律程序申报，在批准后才受到知识产权的保护，如企业商标等。

2. 知识产权的法律限制

知识产权虽然是私权，法律也承认其具有排他的独占性，但因人的智力成果具有高度的公共性，与社会文化和产业的发展又密切相关，不宜为任何人长期独占，所以法律对知识产权设定了很多限制：第一，从权利的发生方面，法律为之规定了各种积极的和消极的条件及公示的办法，如专利权的发生须经申请、审查和批准，对授予专利权的发明、实用新型和外观设计规定了各种条件（《专利法》第二十二条、第二十三条），对某些事项不授予专利权（《专利法》第二十五条）。著作权虽没有申请、审查、注册这些限制，但也有《著作权法》第三条、第五条的限制。第二，在权利的存续期上，法律都有特别规定。这一点是知识产权与所有权大不同的。第三，权利人负有一定的使用或实施的义务。法律规定有强制许可或强制实施许可制度。对著作权，法律规定了合理使用制度。

3. 知识产权的法律特征

从法律上讲，知识产权具有三个最明显的法律特征：一是知识产权的地域性，即除签有国际公约或双边、多边协议外，依一国法律取得的权利只在该国境内有效，受该国法律保护；二是知识产权的独占性，即只有权利人才能享有，他人不经权利人许可不得行使其权利；三是知识产权的时间性，各国法律对知识产权分别规定了一定期限，期满后权利自动终止。

三、知识产权的主要分类

1. 著作权

自然科学、社会科学及文学、音乐、戏剧、绘画、雕塑、摄影和电影摄影等方面的作品组成版权。版权是法律上规定的某一单位或个人对某项著作享有印刷出版和销售的权利，任何人要复制、翻译、改编或演出等均需要得到版权所有人的许可，否则就是对他人权利的侵权行为。知识产权的实质是把人类的智力成果作为财产来看待。著作权是文学、艺术、科学技术作品的原创作者，依法对其作品所享有的一种民事权利。在中国，著作权用在广义时，包括（狭义的）著作权、著作邻接权、计算机软件著作权等，属于著作权法规定的范围。这是著作权人对著作物（作品）独占利用的排他的权利。狭义的著作权又分为发表权、署名权、修改权、保护作品完整权、使用权和获得报酬权（《著作权法》第十条）。著作权分为著作人身权和著作财产权。著作权与专利权、商标权有时有交叉情形，这是知识产权的一个特点。

第一，著作权自作品创作完成之日起产生。

第二，著作权又叫版权。分为著作人格权与著作财产权。其中著作人格权的内涵包括了公开发表权、姓名表示权及禁止他人以扭曲、变更方式利用著作，损害著作人名誉的权利。

第三，著作权包括下列人身权和财产权：

（1）发表权，即决定作品是否公之于众的权利。

（2）署名权，即表明作者身份，在作品上署名的权利。

（3）修改权，即修改或授权他人修改作品的权利。

（4）保护作品完整权，即保护作品不受歪曲、篡改的权利。

（5）复制权，即以印刷、复印、拓印、录音、录像、翻录、翻拍等方式将作品制作一份或多份的权利。

（6）发行权，即以出售或赠与的方式向公众提供作品的原件或复制件的权利。

（7）出租权，即有偿许可他人临时使用电影作品和以类似摄制电影的方法创作的作品、计算机软件的权利，计算机软件不是出租的主要标的的除外。

（8）展览权，即公开陈列美术作品、摄影作品的原件或复制件的权利。

（9）表演权，即公开表演作品，以及用各种手段公开播送作品的表演的权利。

（10）放映权，即通过放映机、幻灯机等技术设备公开再现美术、摄影、电影和以类似摄制电影的方法创作的作品等的权利。

（11）广播权，即以无线方式公开广播或传播作品，以有线传播或转播的方式向公众传播广播的作品，以及通过扩音器或其他传送符号、声音、图像的类似工具向公众传播广播的作品的权利。

（12）信息网络传播权，即以有线或无线方式向公众提供作品，使公众可以在其个人选定的时间和地点获得作品的权利。

（13）摄制权，即以摄制电影或以类似摄制电影的方法将作品固定在载体上的权利。

（14）改编权，即改变作品，创作出具有独创性的新作品的权利。

（15）翻译权，即将作品从一种语言文字转换成另一种语言文字的权利。

（16）汇编权，即将作品或作品的片段通过选择或编排，汇集成新作品的权利。

（17）应当由著作权人享有的其他权利。

著作权要保障的是思想的表达形式，而不是保护思想本身，因为在保障著作财产权此类专属私人之财产权利益的同时，尚须兼顾人类文明之累积与知识及资讯之传播，从而算法、数学方法、技术或机器的设计均不属著作权所要保障的对象。

2. 商标权

商标权是指商标主管机关依法授予商标所有人对其申请商标受国家法律保护的专有权。商标是用以区别商品和服务不同来源的商业性标志，由文字、图形、字母、数字、三维标志、颜色组合和声音等，以及上述要素的组合构成。中国商标权的获得必须履行商标注册程序，而且实行申请在先原则。商标是产业活动中的一种识别标志，所以商标权的作用主要在于维护产业活动中的秩序，与专利权的不同作用主要在于促进产业的发展不同。

3. 专利权

专利权是指个人或组织针对一项发明创造向国家专利局提出专利申请，经依法审查合格后，向专利申请人授予的在规定时间内对该项发明创造享有的专有权。根据我国《专利法》，专利主要有三种类型：发明、实用新型和外观设计。发明和实用新型专利被授予专利权后，专利权人对该项专利创造拥有独占权，任何单位和个人未经专利权人许可，都不得实施其专利，即不得为生产经营目的制造、使用、许诺销售、销售和进口其专利产品。外观设计专利权被授予后，任何单位和个人未经专利权人许可，都不得实施其专利，即不得为生产经营目的制造、销售和进口其专利产品。未经专利权人许可，实施其专利即侵犯其专利权，引起纠纷的，由当事人协商解决；不愿协商或协商不成的，专利权人或利害关系人可以向人民法院起诉，也可以请求管理专利工作的部门处理。当然，也存在不侵权的例外，如先用权和专为科学研究和实验而使用有关专利等。专利保护采取司法和行政执法"两条途径、平行运作、司法保障"的保护模式。该地区行政保护采取巡回执法和联合执法的专利执法形式，集中力量，重点对群体侵权、反复侵权等严重扰乱专利法治环境的现象加大打击力度。

四、网络环境下知识产权的新变化

1. 作品的表现形式多样化

传统意义上的作品，多以手稿、印刷品、音像作品为主要表现方式，各作品之间的界限可以说泾渭分明。而在网络环境下，由于数字技术的发展，几乎所有的作品均可通过计算机自由地实现数字化，于是信息便可自由地实现多媒体化。所谓多媒体化，是指利用数字技术，依靠对文字、声音、图像等多种表现手段进行统一处理，表现信息效果的一种手段。通过该手段，可以实现智能化的操作环境。

在这一背景下，作品发生了三个显著的变化。

一是各类作品之间的分界线日益模糊。例如，人们在进行新闻报道时逐渐放弃了原有的单一的文字写作方式，取而代之以超文本结构呈现。所谓"超文本结构呈现"是指人们利用多媒体技术进行作品创作，形成的文本不仅有文字文本，而且有声音文本、图画文本、动画文本甚至影视文本，由此创作的作品可谓声情并茂、栩栩如生。在 21 世纪，新闻报道从以线性文本为主逐步转变到以超文本结构为主。这种新型作品创作方式的出现，使文学作品、美术作品、影视作品、科学作品等作品之间的界限模糊化，一件最终作品可能涵盖了若干基本的作品类型。就此而言，在 21 世纪的著作权法中，严格区分各类作品的意义将会日益淡化，在保护时可能采取一种普遍适用的标准。

二是作品与载体之间的联系逐渐淡化。传统意义上的作品在传播和利用过程中必须固化在有形的载体之上，而数字技术的运用，直接导致了作品信息的数字化，无论是语言作品还是音乐等其他作品均可用"0"和"1"的二进制数来记述，在传播的时候往往可以直接通过网络将信息传播到大千世界的每一个角落。因此，作品中的信息可以自由流通，作品与载体之间的关系开始淡化，"数字技术正在逐步切断以往传统的著作物商业交易中所见到的无体物对有体物的寄生关系……著作物不再借用有体物的外衣而独立存在，我国面对的是一个全新的局面"。尽管如此，我国也不可在此问题上过于绝对化而否定载体在信息时代的作用，因为很多信息的传播还是需要借助光盘、软盘等媒介进行。

三是作品受保护的标准模糊化。就传统意义上的作品而言，独创性是作品受保护的唯一条件，这是因为传统作品较易分清个人的创作成果，而且能对其艺术高度进行主观上的评价。而在信息时代的作品，尤其是用多媒体创作的作品中有大量的数据，这些数据信息有的有独创性，有的无独创性，在这一情况下，很难对上述作品的独创性加以界定，也很难对各部分的著作权加以区分，因为人们很难分清哪一部分是由谁创作的。

2. 作品的归属复杂化

就传统意义上的作品而言，作品中的每个组成部分的创作人较易区分，作品的归属比较明确。而在网络环境下，大量的利用计算机创作的作品如雨后春笋般涌现，尤其是利用多媒体技术创作的作品，多数是对前人作品的变形、改编，新的作品又不断地被分解、被改编，重新形成更新的作品，甚至普通的网络爱好者，也可轻松地利用计算机软件对他人的作品进行再创作、再传播。在这样一个高度信息化的社会，"改编文化"已经抬头，要具体分清哪一部分由某人所创作已变得越来越困难，著作权"向个人还原是不可能的，同时是不合理的，因此著作权制度本身，就孕育着变革的可能"。在这样的背景下，要确定各部分的著作权归属将十分困难。不过，我国认为，即使在这样的背景下，区分著作权的归属也并非明日黄花，因为大量的音乐作品、文学作品、美术作品等单个作品还会出现，法律依然应当对创作者的利益给予充分的保护，而且，传统著作权制度所保护的改编权、保护作品完整权应当在网络时代得到更为充分的保护，未经许可任意改编、篡改他人作品的行为应当遭到法律的明确禁止。

3. 著作权的权利内容信息化

在传统著作权制度中，著作权的财产权利以复制权为核心展开，广泛涉及发行权、摄制权、广播权、改编权等权利，尽管上述权利与传播技术的联系十分密切，但在网络时代，它们之间的联系得到了进一步的强化，著作权的行使与技术措施的运用存在不可分割的联系。在这一时代，大量的信息通过信息高速公路进行传递。

所谓"信息高速公路",是以最新的数字化传输、智能设备或计算机处理和多媒体终端服务技术装备的,形成地区、国家或国际规模的多用户、大容量和高速度的交互式综合信息网系统。信息传输的高通量化、网络的普及化、服务的综合化、系统的智能化是其显著特征。信息高速公路的建成极大地促进了信息的传递。

该方式所产生的后果不仅包括信息的"再现",而且包括载体的"增多",而计算机"暂存"这种复制方式只增加了信息的"再现"机会,并未增加作品的"载体"。因此,这种复制含义比以前广泛得多。在书店里,读者尚可自由翻阅、浏览出售或出租的作品,若将作品在内存中的暂存视为复制,则读者连浏览一下作品的余地也没有了,这不能不说是过分地偏向了著作权人的利益。因此,关键的问题是采取何种可行的方式来公平合理地平衡著作权人的利益及使用者的利益。另一个问题是,发行权的含义亦有所变化。在美国"知识产权工作组"所提交的《知识产权与全国信息基础设施》报告中,该工作组建议将信息传输——将作品从某一计算机终端通过网络以数字信号形式发往另一终端的行为也视为发行,由著作权人专有。虽然该报告声称这一修改并未创设新权利,但这种限制实际上更改了发行的概念。因为传统意义上的发行是向公众提供作品复制件的行为,发生了作品载体的转移;而在信息传输中,仅有作品信息的传递,并无载体的实际转移,该信息仍存在于输出计算机的内存或相关联的存储设施之中,"因此很难把传输归入发行的概念之中"。所以,该报告有关发行的解释对作品使用者而言过于苛刻。但从另一个角度来讲,如不对这种传输行为予以一定的限制,则势必造成作者的作品被传输者和接收者大量无偿地使用的后果。因此,关键的问题在于寻找适当的方式给予公平的限制。1993年新修订的德国"著作权法"对此进行了灵活的处理,第六百九十条规定,只有当使用者为了复制而传输作品时才需要取得著作权人的授权,这样就将传输限制在一定范围之内,从某种程度上平衡了著作权人和使用者的利益,法国现行著作权法也进行了类似修订。

第二节　我国知识产权立法的现状

一、中华人民共和国成立初期我国的知识产权立法

中华人民共和国成立初期,由于长期的战争影响,各行各业百废待兴,社会转

型稳步进行,但是法制建设相对滞后,与知识产权相关的法律规范仅有寥寥几部。1950年颁行的《书稿报酬暂行办法》是为数不多的涉及著作权保护的法律文件,该办法通过"定期报酬"和"定量报酬"两种方式来保障书刊作者的稿酬获取权。而对于其他著作财产权与著作人身权,并没有法律规范予以保护。1950年颁布的《保障发明权与专利权暂行条例》是我国第一部涉及专利制度的法律规范,该暂行条例采用苏联模式,设立专利和奖励双轨制的发明创造保护机制。1963年,随着《发明奖励条例》的出台,发明创造的专利保护不再存在,仅剩发明奖励一种保护模式。1950年颁布的《商标注册暂行条例》是我国第一部保护商标权的法律规范,该条例规定了保护商标专用权的原则,实行了全国商标统一注册制度。1963年颁布的《商标管理条例》则把商标工作重点从保护商标专用权转移到监督商品质量上来,废止了商标审定程序,回避了商标权利及其法律保护。

二、改革开放后我国的知识产权立法

改革开放后,我国进入了知识产权立法的"快车道",《商标法》《专利法》《著作权法》《反不正当竞争法》等知识产权法律法规相继出台,逐步建立了相对完善的知识产权法的基本框架。二十世纪八九十年代,我国改革开放的基本国策启动,正处于从计划经济向市场经济的过渡阶段,在立足本土需求并参考国际条约和外国法律相关规定的基础上,各项知识产权法律规范先后颁布。为适应经济社会的发展需要,1982年我国率先制定并颁布了《商标法》,该法将保护注册商标专用权放在首位,注重商标管理以监督产品质量,对商标申请、审查和注册的相关程序进行了明确规定。随后,我国于1984年颁布了《专利法》,构建起既符合我国需要也合乎国际惯例的专利制度,为我国以专利制度为基础开展国际经济交流创造了条件。我国的著作权立法工作也于这一时期开始,但由于最初草案争议较大,《著作权法》经过11年的广泛征求意见才最终于1990年颁布,该法对作者和著作权的归属、著作权的客体、著作权的内容、著作权的保护和限制等都给出了较为详尽的规定。

随着改革的不断深化、开放的不断扩大,我国于1992年初步建立了社会主义市场经济体制,这也促使我国《专利法》和《商标法》分别于1992年和1993年进行了第一次修订,其中《专利法》增加了专利产品的进口保护,扩大了专利保护范围,对化学物质、药品、食品、饮料和调味品给予专利权保护,增设了本国优先权及一系列程序性规范;而《商标法》的变化主要体现在扩大了商标保护范围、将服务商标纳入其中，排除了地名商标的注册，简化和完善了商标的注册和撤销程序，加重了对假冒注册商标犯罪行为的处罚四个方面。为保障社会主义市场经济健康发展，我国《反不正当竞争法》也于1993年出台。该法在总则中设置了市场竞争的"一般条款"，并且在分则中对虚假宣传、侵犯商业秘密、商誉诋毁等11种不正当竞争行为进行了专门规制。至此，我国已完整勾勒出了知识产权法的基本框架。

20世纪末，为融入世界经贸体系，我国各项知识产权法律规范纷纷开始修订。截至2001年我国正式成为世界贸易组织成员，已有《专利法》（2000年修订）、《著作权法》（2001年修订）、《商标法》（2001年修订）等知识产权法律法规均进行了修订。具体而言，《专利法》在2000年修订后，增加了有关许诺销售、诉前临时措施、侵权赔偿额计算的规定，重新界定了职务发明范畴、明确职务发明奖酬，简化了专利审批和维权的程序，使我国专利制度与《与贸易有关的知识产权协定》相一致；《著作权法》在2001年修订后，不仅扩大了著作权保护的客体，将杂技艺术作品、建筑作品和具有独创性的数据库纳入著作权保护范围，增设出租权、放映权、信息网络传播权三项著作财产权，增加了教科书法定许可的规定，明确了版权集体管理机构的法律地位，并且增加了法定赔偿等侵权救济规定；《商标法》在2001年修订后，则扩大了申请商标的主体范围、增加了商标保护的客体范围，强化了对驰名商标的保护，增设了恶意抢注的相关规定，加大了侵权处罚力度，基本上也实现了与《与贸易有关的知识产权协定》的统一与契合。此外，《植物新品种保护条例》《集成电路布图设计保护条例》《地理标志产品保护规定》等其他知识产权法律法规也分别于1997年、2001年、2005年出台。至此，我国初步构建了知识产权法律体系。

进入21世纪，随着我国知识产权法律国际化水平的进一步提升，尤其是2008年《国家知识产权战略纲要》实施以来，知识产权更是被上升到国家战略的高度。为推进创新驱动发展，我国《专利法》《著作权法》《商标法》《反不正当竞争法》分别于2008年、2010年、2013年、2017年再次修订，为创新型国家建设提供法律保障。修订后的《专利法》提高了对侵犯专利权行为的处罚力度，加大了意思自治的适用范围，增加了对遗传资源利用的专门规定，增设了专利强制许可制度；修订后的《商标法》通过将"声音"纳入保护客体范畴，明确了"一标多类"申请方式，完善了商标注册异议制度，加强对驰名商标与未注册商标的保护，引入惩罚性赔偿制度，提高侵权法定赔偿额等方式，使商标法律制度更加完善；《反不正当竞争法》也在原有法律的基础上进行了诸多修订，如对"一般条款"进行完善、新增专门的

"网络反不正当竞争"规定等,虽仍有缺憾,但修订后的《反不正当竞争法》无疑更加完善,更加符合实际需求;为回应创新发展之需要,2010年修订后的《著作权法》增设了著作权出质登记的规定,此次《著作权法》修订的主要原因在于2009年世界贸易组织专家组裁定我国《著作权法》第四条不符合《保护文学和艺术作品伯尔尼公约》和《与贸易有关的知识产权协定》,修订后的《著作权法》第四条改变原有"依法禁止出版、传播的作品,不受著作权法保护"的做法,规定违禁作品享有一定的著作权,但其著作权的行使应受到严格限制。未来我国知识产权法律体系势必会更加完善、更加成熟,为建设知识产权强国提供制度支撑。

第三节 我国知识产权法的国际化走向

随着经济全球化发展趋势的日益加强,我国知识产权法的国际化水平不断提升。改革开放以来,我国经过长期的制度构建与规则完善,逐步实现了知识产权法的本土化。21世纪初,中国在加入世界贸易组织之后,仅仅用了5年多的时间,就已全面实现了知识产权法律制度与《与贸易有关的知识产权协定》的契合,并且成为各主要国际知识产权条约、公约的缔约方,基本完成了知识产权法从本土化向国际化的转变。未来我国知识产权法无疑将沿着国际化的发展走向继续前进,不断提升在国际知识产权规则制定中的话语权,发出知识产权国际化的"中国声音",作出知识产权国际化的"中国决策"。

一、知识产权法国际化的机遇与挑战

知识产权法的国际化是指知识产权法律规范的基本原则和主要规则在全球范围内的普适性,以各国知识产权制度趋同化与一体化为基本特点,但这并不意味着在保护内容、保护标准、保护水平等方面的全球知识产权法律规范的统一化。一直以来,西方资本主义国家积极推行知识产权国际化的保护战略,其本质在于利用知识产权的垄断本性来实现科技成果的效益化和经济发展的知识化。而对于我国而言,知识产权法的国际化既是制度的挑战,也是发展的机遇。正如郑成思教授所言:"要看到全球化中知识产权保护强化对我们不利的一面,更要看到'保护'在建设创新型国家中的重要作用。"具体而言,知识产权法的国际化对我国的挑战主要体现为,《与贸易有关的知识产权协定》等国际公约的保护水平超出了我国加入该公约时的经

济发展需要。片面追求知识产权法的国际化，采取知识产权强保护模式，难免会带来对于本土产业经济的发展制约。尤其是在20世纪90年代初，由于我国需要加入《世界版权公约》，但未及时修订《著作权法》，在著作权保护中出现了诸如"实用美术作品保护的规定适用于外国人而不延及本国人"等"超国民待遇"与"超国际标准"的现象，这无疑是对本国作者的一种歧视，极大地影响了他们的创作热情。但是，我们必须认识到，对我国来说，知识产权国际化带来的更多是发展的机遇。20世纪末，我国接受《与贸易有关的知识产权协定》，对《著作权法》《专利法》《商标法》等各部知识产权法律规范作出修订，实现知识产权法与国际规则的接轨，为我国加入世界贸易组织、融入世界经贸体系创造了条件，为我国21世纪以来经济社会的飞速发展提供了法律保障与制度支撑。加强知识产权保护也是实现经济持续发展和科学快速进步的内在要求。面对知识产权法国际化进程的机遇与挑战，针对发展阶段的不同，我国应当制定不同的战略措施，既要考虑现实利益，又要具有超前眼光；既要遵循国际公约规定，保护外国的高新技术，也要推动国际合作，保护我国的传统知识。

二、知识产权法国际化的光荣与梦想

知识产权法的国际化，是当下知识经济发展的基本需求与重要保障。知识产权国际保护规则是由知识经济全球化的运行本质所决定的，知识经济全球化也必然意味着尊重和保护知识产权。随着我国经济社会的发展进步，知识产权法的国际化已不再是我国参与国际市场竞争的"入场券"，而是成了中国产品、中国文化"走出去"的"保护伞"。换言之，当下我国知识产权法的国际化，已经开始逐步向知识产权国际规则的"中国化"转变。在过去很长一段时间内，我国在知识产权的相关国际组织中并没有正式合法的代表资格，在知识产权有关条约或协定的谈判和签订过程中仅仅具有观察员的身份，无法直接参与到知识产权国际规则的制定活动之中。经过长期的努力，目前我国已经具有了知识产权合法代表资格，也具备了直接参与知识产权相关规则制定的渠道，有能力在知识产权国际化的推进过程中表达自己的利益需求。为顺应区域经济一体化的新趋势，建构知识产权国际保护的新体系，我国提出了"一带一路"倡议，促使中国创造、中国品牌走出国门，走向国际经贸竞争的关键领域和市场前沿。另外，我国提出"一带一路"倡议，促进区域经济一体化的制度创建与和谐发展，知识产权制度必须随之跟进，予之保障，进而致力于建构更加公平、合理的知识产权国际保护新秩序，实现知识产权区域一体化的制度创新。因此可以说，未来我国知识产权法的国际化走向是立足本土国情，积极推进建立知识产权国际保护的新秩序，并且以知识产权法的新型国际化发展为主要导向，参与全球竞争，提升综合国力，为中华民族伟大复兴"中国梦"的实现奠定基础。

第四节　知识产权在跨境电子商务中的主要应用表现

一、跨境电子商务中知识产权问题的产生

1. 经济的发展使得知识产权保护日益受到关注

现在我国一跃成为全球第二大经济体，在经济全球化的进程中我国的企业也发展壮大，其中涌现了一些世界级的大企业，如华为、中兴、阿里巴巴等。国内市场已经发展到了一个新的阶段，同时我国要向国际市场进军，其中知识产权问题就是一个不容回避的十分严重的问题。在尊重他人的知识产权的同时，我们也要注重保护自己的知识产权。这就要求我国的知识产权保护与国际接轨，包括一些国际公约的拟定、技术标准的设立、相关国际组织的合作等。我国要争取到更多的话语权，参与到游戏规则的制定中去，这样才能更好地保护本国的利益。从而使包括跨境电子商务在内的知识产权保护形成一个良性的发展，提升我国企业的国际竞争力。

2. 知识产权保护面临的困境

不管是国内电子商务的发展还是跨境电子商务的发展，往往都面临着一个困境，即网上所销售相当一部分的商品是侵权的，或者是侵犯别人的著作权，或者是专利设计，或者是包装创意，甚至是直接抄袭别人的产品设计，然后在网上销售。与国内电子商务侵权案件不同，跨境电子商务方面的知识产权侵权有其自己的特点。由于我国对知识产品的保护力度不够，国内相关的政策、立法，甚至是保护意识都相当不到位，国家出于对经济发展的考量，甚至会对侵犯国外知识产权的事情"睁一只眼闭一只眼"，对国内的知识产权所有人的保护同样不够，所以没有严厉的制裁措施，导致我国部分企业对侵犯知识产权的问题视而不见，久而久之养成恶习。但是，在跨境电子商务中，我国企业同样需要面对出口问题，这时很多潜在的问题就暴露无遗，侵权企业有可能受到严厉的制裁。这样不管是对企业还是对国家的长远经济利益或名誉，都会造成严重损失。所以，从国家层面上来说，这似乎是一个悖论，

对知识产权的保护有可能损害经济的发展。在经济发展状况比较落后的情况下抄袭或在侵犯知识产权的情况下去模仿利用别人的技术、产品确实会带来实实在在的经济利益。但是，从长远的角度来看，这种抄袭、仿冒、侵犯他人知识产权的行为是与时代发展背道而驰的，也是各国法律严厉打击的违法行为。

3. 跨境电子商务知识产权保护的主体责任

首先，跨境电子商务涉及若干个部门，有卖方企业、买方企业、海关检验检疫等监管机构、电商服务平台、物流等服务企业、国家外贸管理机关、外交等议事协调机构等。一旦有侵犯知识产权的案件发生，谁应当主动地去保护知识产权？就跨境电子商务来说，是政府、企业，还是电商平台？也许，它们中的任何一方来负责都不为过，都能找出切实合理的理由来。首先就政府而言，它确实有义务进行这样的保护，因为这是一个早期投入较大且不能详细汇报的工作，政府应该有效利用纳税人的资金来决策这个公共投入，况且它还可以使用行政、立法等权限来扩大影响力，政府来做这样的事似乎再合理不过了。另外对企业来说，它开发生产了产品，理应对此负责，而不应牺牲别人的利益来保全自己的权益，理应设立协定来维护彼此关切的利益，只有这样才能保护每个人的利益，让每个参与者都因自己的付出而有所偿。所以，知识产权的保护是每个企业主体的事。电商平台也是跨境电子商务的一个重要参与者，是一股不可小觑的力量。在一次贸易中，它可以把自己定位为一个服务者，为两方的企业提供牵头搭线、合同担保、结账结汇等服务；同样平台可以把自己定位为一个管理者，可以像国家相关机构一样，成立很多个部门，严格把控交易的每个流程，对经过自己平台的每一单业务负责。从这个层面来说，让电商平台对跨境电子商务知识产权保护负主要责任一点也不为过。

二、我国跨境电子商务知识产权保护的基本问题

1. 专利电子申请制度发展滞后且专利权利用率低

1970年6月19日，在世界知识产权组织起草的《专利法条约》（草案）和《专利合作条约》细则的修改中，已经把专利的电子申请确认为合法。其后，在1990年12月，日本专利局也确认了专利电子申请的合法性，并且开始接受专利的电子申请。1996年，韩国已经着手进行通过互联网申请专利的试验，与此同时，美国、日本、欧洲三个专利局正在进行通过互联网联机申请专利的准备，并且把实现专利文献无纸化作为之后的发展方向。而由于我国知识产权法律体系还不健全且相关法律保护

实施较晚,故没有其他发达国家实施此修改早,但亦于 2004 年 3 月正式开通电子申请专利的平台,新版电子申请系统也于 2010 年 2 月 10 日上线运行。据国家知识产权局中国专利电子申请网对 2012 年 1—6 月全国电子申请的统计,2012 年全国电子申请率为 77.3%,相比 2010 年年底的电子申请率上升了 45.9%。虽然国民知识产权保护意识日益增强,但是 2012—2014 年专利申请实施率只有 2%。我国知识产权存在着量多质低、保护力度不够、成本过高等问题,这些都是严重制约企业创新及产品质量提升的主要原因。

2. 跨境电子商务的无界性与知识产权的地域性产生摩擦

跨境电子商务是依靠互联网平台才得以运行的,但是众所周知的互联网是一个不受地域限制的交互平台,传播空间及传播速度都是无法比拟的。在这个基础上,我国不得不注意,知识产权是具有地域性的一种权利,它只在知识产权申请成功的地域范围内享有该项知识产权且该项知识产权是受到该区域知识产权法律保护的,也正是由于地域范围的不同,各个国家在文化特点、政治属性、历史进程、发展水平等方面都存在较大的差异,这导致每个国家对知识产权的保护力度及保护内容和措施也各不相同。但是由于跨境电子商务的无界性,具有地域性的知识产权在遇到不同国家的知识产权法律时并没有固定、统一的法律保护制度,因此,这也是我国目前还没有针对跨境电子商务知识产权侵权纠纷出台强力有效的法律规定的原因。鉴于此,世界知识产权组织应该结合每个国家的发展水平等各方面的因素,制定适合每个国家各自特点的有关跨境电子商务知识产权法律保护范围及保护标准。

3. 传统的知识产权法律与跨境电子商务行为发生断代

在我国,知识产权的法律保护早于跨境电子商务的产生,这便出现了知识产权法律中所规定的知识产权产物是实物而跨境电子商务是虚拟网络环境,两者脱节的现象。早些年,我国知识产权的载体都是实物,如书本、光盘及磁带,在多年的发展下,虽然我国知识产权法律体系趋于成熟,但是随着互联网的迅速发展,在互联网的背景下,知识产权的发展是明显滞后的,而跨境电子商务是在 2006 年之后才兴起的,所以其发展又滞后互联网至少 20 年。在这样的情况下,知识产权法律、互联网与跨境电子商务之间的联系出现了三者不在同一发展水平的情况,也正是因此,我国知识产权法律在跨境电子商务这一领域还处于空白的状态,如果适用传统的普通知识产权法律,那样仍然会出现很多不可避免的侵权行为。所以,使知识产权法律的修改与跨境电子商务的发展水平保持一致是势在必行的。

拓展训练

一、单项选择题

1. 改革开放后，我国制定的第一部知识产权法律是（　　）。
   A.《商标法》   B.《专利法》
   C.《著作权法》   D.《反不正当竞争法》

2. 我国发明专利保护期限为（　　）年。
   A. 10   B. 20
   C. 30   D. 50

二、多项选择题

1. 知识产权的主要类型有（　　）。
   A. 专利权   B. 商标权
   C. 著作权   D. 发现权

2. 商标是用以区别商品和服务不同来源的商业性标志，是由（　　）三维标志、颜色组合和声音等，以及上述要素的组合构成的。
   A. 文字   B. 图形
   C. 字母   D. 数字

3. 我国《专利法》规定的专利类型主要有（　　）。
   A. 发明   B. 实用新型
   C. 外观设计   D. 发现

4. 著作人身权包括（　　）及禁止他人以扭曲、变更方式利用著作损害著作人名誉等权利。
   A. 署名权   B. 发表权
   C. 保护作品完整权   D. 修改权

三、案例分析题

福建某公司在阿里巴巴速卖通平台注册并售卖服装，展示的产品图片中有一张与国际某知名服装品牌 B 商标相似，ID 显示来自美国的一个买家拍下 20 件涉嫌侵权图片对应的产品，福建某公司在收到订单后随即告知该美国买家产品没有库存。美国买家又拍下另外一批未涉嫌侵权的产品，并且向福建某公司索要了 PayPal 客服人员的联系方式，了解到该状况涉及由国际知名服装品牌 B 在美国伊利诺伊地区法院正在进行的一个商标侵权诉讼。福建某公司可与服装品牌 B 的代理律师联系商量和解事宜。

结合案例，回答下列问题：
1．福建某公司是否涉嫌侵犯商标专用权？为什么？
2．福建某公司可以采取怎样的方式解决？

四、简答题

1．知识产权的主要特征有哪些？
2．网络环境下知识产权的新变化主要表现在哪些方面？
3．互联网时代知识产权保护面临着怎样的困境？

第三章

跨境电商领域的知识产权风险

 学习目标

知识目标

- 掌握跨境电商领域的商标侵权风险
- 掌握跨境电商领域的专利侵权风险
- 掌握跨境电商领域的版权侵权风险
- 掌握跨境电商领域的商业秘密侵权风险

能力目标

- 准确评估跨境电商领域的知识产权风险
- 有效规避跨境电商领域的知识产权风险

素质目标

- 提高对跨境电商知识产权风险的防范意识

导入案例

中国软件业首例 337 调查案——触宝科技

触宝科技于 2008 年 8 月在上海成立，是一家研发、销售手机应用程序的高科技中小企业，与海内外多家知名厂商、运营商建立了合作关系，被评为"全球十大最创新公司"。经过短短几年的发展，触宝科技研发的输入法在全球 160 多个国家和地区拥有超过 1 亿用户，占 20% 的安卓手机市场份额，在海外输入法市场上出货量居全球第二位。第一的是美国 Nuance 公司，该公司在国际语音识别引擎市场有超过 80% 的份额，拥有 1 000 多项专利，人们熟知的苹果手机语音助手 Siri，中央电视台春晚的呼叫中心等都使用了该公司的技术；该公司在输入法技术方面也处于垄断地位，旗舰产品 T9 输入法支持 70 种语言，全球市场占有率超 70%。

2012 年 12 月 20 日，Nuance 公司在美国地方法院提起以触宝科技为被告的专利侵权诉讼，同时申诉至美国国际贸易委员会，要求对触宝科技启动 337 调查，理由是触宝科技的输入法及出厂时预置该输入法的 Venture 智能手机侵犯了 Nuance 公司在美国注册的专利，包括基于输入设备运动参数跟踪的选择输入系统、基于连续笔画字词的文本输入系统和方法、使用多方向键盘消除输入歧义、简化键盘输入等多项专利。

Nuance 公司是大名鼎鼎的语音解决方案巨头，其输入法技术在全球也处于垄断地位，输入法领域的市场份额稳居全球第一，公司规模更是远超过触宝科技。在此次诉战中，Nuance 公司请到 12 名顶级律师组成律师团进行诉讼，而触宝科技只有 2 名律师。

讨论：查找"337 调查"和"触宝科技"的相关资料，简述案件结果，并且进行分析。

第一节 跨境电商领域的商标侵权风险

随着"跨境电商"的迅速升温，专利、商标、版权、商业秘密等知识产权问题逐渐突出，跨境电商知识产权风险与纠纷不断涌现，在 2016 年国务院第一次常务会议上，"跨境电商"更是成为焦点。为此，强化跨境电子商务知识产权保护工作，提高跨境电商企业知识产权法律意识，增强知识产权风险防范能力，对于保障跨境电子商务快速健康发展意义重大。

据艾媒咨询发布的《2018—2019 中国跨境电商市场研究报告》显示，2018 年，我国跨境电商交易规模达到 9.1 万亿元。随着"一带一路"的推进，跨境电商将收获更为丰厚的政策红利。然而，我国跨境电商所面临的巨大的知识产权风险，已成为我国跨境电商行业发展的重要"短板"，其侵权形式主要表现在生产、使用、销售、许诺销售、进出口等环节，尤其是类似广告、展会展示和网站展示这样的"许诺销售"是不被允许的。

当前大多数国内从事跨境贸易的中小企业基本上没有几个商标，专利为零，而国外公司一旦觉得自己的市场份额受到影响便积极维权，接踵而来的便是纠纷、警告函、诉讼。对方有注册商标、专利，从法理上为自己维权，而国内公司没有，结果必然是败诉。

国内企业在产品进军国际市场之前，须让自己的知识产权先行，做好产品侵权尽职调查和回避设计以降低侵权风险。美国的相关法律文件对于故意侵权规定了法定的三倍赔偿额并附加律师费，因此国内企业在产品销售到美国之前，应对有关知识产权进行尽职调查，聘请律师事先就产品提供不侵权法律意见书或竞争产品专利权无效的法律意见，这能有效避免或降低被指控承担三倍赔偿的风险。此外，有效的回避设计也能降低被提起知识产权侵权诉讼及败诉的法律风险。

一、跨境电商领域商标权侵权行为的主要表现

1. 商标的概念

商标俗称"牌子"（trademark 或 brand），有关国际公约及国外商标立法对商标有多种不同的表述。如《与贸易有关的知识产权协定》第十五条规定，任何能够将一个企业的商品服务与其他企业的商品或服务区别开的标识或标记的组合，均应能构成商标。《欧洲共同体商标条例》规定，所有可用书面形式表示的标记，尤其是字词（包括人名）、图形、字母、数字、商品及其包装的外形，只要能将一个企业的商品或服务同其他企业的商品或服务区别开来，均可构成商标。《美国商标法》第二条规定，凡可据以识别申请人的商品与他人商品的商标都不得被拒绝注册。《法国知识产权法典》第七卷"制造、商业及服务商标和其他显著性标记"第 L.7111 条规定，制造、商业或服务商标是指用以区别自然人或法人的商品或服务并可用书写描绘的标记。上述关于商标的定义基本上都是从商标的主要功能与构成要素两方面给出的。我国现行《商标法》第八条也是从商标构成要素方面间接地指出了商标的定义："任

何能够将自然人、法人或者其他组织的商品与他人的商品区别开的标志,包括文字、图形、字母、数字、三维标志、颜色组合和声音等,以及上述要素的组合,均可以作为商标申请注册。"

学界一般认为,商标是生产经营者或服务者在其商品或服务上使用的,由文字、图形、字母、数字、三维标志、颜色组合和声音等及其他要素的组合构成的区别商品或服务来源的标记。

2. 我国跨境电商商标权侵权现状

商标是由文字、图形、字母、数字、三维标志、颜色组合和声音或上述元素构成的组合,使用商标的主要目的在于区分商品或服务的来源。因此,商标被商品的生产者或经营者广为利用,一方面,起到区别商品或服务的作用;另一方面,起到宣传和推广品牌的作用,但我国现行《商标法》没有将在网上出现的某一个动态过程作为商标来加以保护。

电子商务交易不同于传统的面对面交易,客户无法看到真实的、直观的商品,只能依靠图形、文字和信息来识别商品和服务,面对海量的商品信息,具有显著性特征的商标自然成了电子商务的宠儿。商标在电子商务中非常重要,电子商务一旦离开了商标,将变得毫无竞争力。从商标权人的角度来看,客户通过对商标的识别,可以在网络平台上比较容易地挑选到高品质的商品或服务,并且确定其来源。对商标权加以保护,有利于维护商标权人依法获得的商标权,同时避免了客户购买假冒伪劣商品和服务的风险。但是,商标作为一种图形符号,在网络上极易通过技术手段被复制或仿冒,这无疑给商标权的保护增加了难度。

跨境电子商务在进行跨境商品买卖时涉及的商标问题日益增多。一方面,出口侵权;另一方面,跨境电商从境外合法取得的正品再次在中国销售时与在中国取得商标独占许可的商标被许可人及在中国获准注册的商标专用权人之间产生的商标冲突,能否适用商标权用尽进行抗辩成为讨论的热点问题。跨境电商的海外采买模式就是"平行进口",即未经境内知识产权权利人许可而进口合法取得的"含有知识产权"货品的行为。因全球定价的差异,有的品类必然会和传统的境内商标权利人(被许可人)或总代理商发生利益冲突。境内权利人会利用商标权等知识产权权力来阻止未经商标授权的进口。

平行进口行为是指在国际贸易中,某一商标获得两个或两个以上的国家的保护,并且这两个或两个以上的国家的商标权属于同一个商标权人所有,或者商标权人之间有许可或控制关系,未经进口国商标权所有人或其授权人的许可,第三人进口并销售使用注册商标的商品的行为。出现平行进口问题的主要原因是进口国与出口国的同一种商品存在着价格差,从而在进口国可以获得高于在出口国销售同一种商品的利润。

二、跨境电商领域商标权侵权行为分析

从商标权侵权行为的原因上予以分析,知识产权制度在我国实行较晚,跨境电商又是近年来发展起来的新业态。因此在发展过程中,管理不到位、制度缺失等现象普遍存在,很多小企业只顾开拓市场,寻求更多的订单,对知识产权的重要性缺乏认识,也不能自觉尊重他人的知识产权,随意抄袭别人的智力成果。如浙江义乌××饰品生产企业为扩大自己商品的市场影响力,提高市场占有率,随意在自己的商品上使用与他人注册商标相似的标识,被权利人索赔方知自己的行为违法,给企业造成了不必要的经济损失。从根本上讲,企业拥有自己的注册商标才是防范商标侵权纠纷的有效措施。

基于商标注册制度能够有效发挥商标的区别功能和有利于实现平衡保护相关利益这两方面的原因,现代各国商标法普遍采取商标注册制度。所谓商标注册制度,是申请人为获得商标的专用权而向注册主管机关提出注册申请,商标注册主管机关通过审查决定是否给予注册并授予商标专有权等一系列活动所涉及的实体与程序规则的总称。商标注册制度以商标注册申请与审查的程序要求与实体条件为核心内容,同时涉及授予注册商标的专有权及注册有效的确认等相关规则。

商标注册制度作为商标专有权取得的制度选择,是发挥商标区别功能、平衡保护各方利益的重要手段。在各国商标注册制度存在地域差异性的情况下,跨国商标注册可以通过国际协调制度来实现。

所谓的跨国商标注册国际协调制度并不是对各国商标注册制度的全面统一,建立超越国家主权的单一商标注册制度,而是通过订立一系列的国际条约逐步缩小各国商标注册制度的差异,扩大统一规则的适用,在一定范围内实现注册规则的统一。《与贸易有关的知识产权协定》是全球性的商标注册条约,《商标国际注册马德里协定有关议定书》签署于1989年6月27日,并于1995年12月1日生效,缔约方数量稳步增加,截至2017年8月,马德里联盟共有99个缔约方。中华人民共和国于1995年9月1日签署本议定书,并于1995年12月1日起对我国生效。

1. 商标注册

(1) 注册商标的积极条件。

《商标国际注册马德里协定》第三条第三款规定:如果申请人要求将颜色作为其

商标的一个显著特点，则必须：①说明实际情况，并随同申请书提出说明所要求的颜色或颜色组合的通知书；②随同申请书加交所述商标的彩色图样，附于国际局的通知书后。这种图样的份数由细则规定。

（2）我国商标注册流程如图3-1所示。

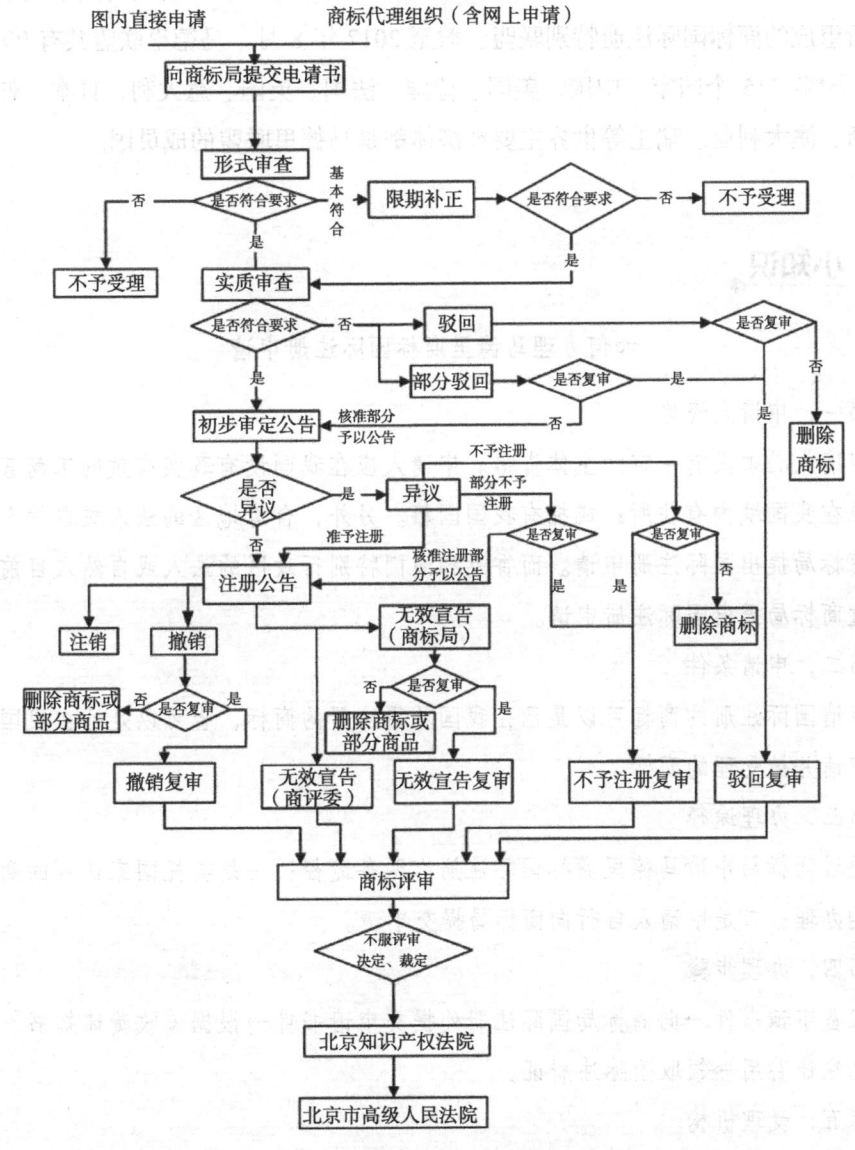

图3-1 我国商标注册流程

资料来源：国家工商总局商标局.

（3）马德里商标国际注册。

马德里商标国际注册，即根据《商标国际注册马德里协定》（以下简称《马德里协定》）或《商标国际注册马德里协定有关议定书》（以下简称《马德里议定书》）的规定，在马德里联盟缔约方间所进行的商标注册。相对于单独去国外注册，马德里商标国际注册具有覆盖范围广、手续方便快捷、费用相对低廉的优点。

马德里联盟是指由《马德里协定》和《马德里议定书》所适用的国家或政府间组织所组成的商标国际注册特别联盟。截至2017年8月，马德里联盟共有99个缔约方，覆盖115个国家。中国、美国、德国、法国、英国、意大利、日本、韩国、俄罗斯、澳大利亚、瑞士等世界主要经济体都是马德里联盟的成员国。

 小知识

如何办理马德里商标国际注册申请

第一，申请人资格

申请人必须具有一定的主体资格。申请人应在我国设有真实有效的工商营业场所；或在我国境内有住所；或拥有我国国籍。另外，台湾地区的法人或自然人均可通过商标局提出国际注册申请。而香港和澳门特别行政区的法人或自然人目前还不能通过商标局提出国际注册申请。

第二，申请条件

申请国际注册的商标可以是已在我国获得注册的商标，也可以是已在我国提出注册申请并被受理的商标。

第三，办理途径

通过商标局申请马德里商标国际注册有两条途径：一是委托国家认可的商标代理机构办理；二是申请人自行向商标局提交申请。

第四，办理步骤

准备申请书件→向商标局国际注册处提交申请书件→根据《收费通知书》的规定缴纳注册费用→领取国际注册证。

第五，受理机构

国家工商总局商标局国际注册处。

第六，《国际注册证》的领取

世界知识产权组织（World Intellectual Property Organisation，WIPO）国际局在收到符合《商标国际注册马德里协定及其议定书共同实施细则》的国际注册申请后，即在国际注册簿上进行登记注册，并给商标注册申请人颁发《国际注册证》并通知各被指定缔约方商标主管机关。

《国际注册证》由国际局直接寄送给商标局国际注册处，再由商标局国际处转寄给申请人或商标代理机构。应该注意的是，申请人填写的地址一定要清楚（可增加通信地址），如果申请人的地址有变动，应及时办理变更。

据商标搜索公司TrademarkNow搜索结果显示，腾讯公司2016年申请的商标数量达4 100项。乐视公司的申请数量为2 200项；阿里巴巴集团申请了1 700项（经核实，2016年4月1日至2017年3月31日，阿里巴巴集团申请的商标数量在全球约有3 500项）。正是由于商标掌握着企业的生死大权，我国企业越来越重视商标权的取得。2016年11月，中国成为首个单年专利申请量超过100万项的国家，WIPO表示，这一纪录反映了"非凡"的创新水平。

2. 侵犯商标权的行为

商标侵权占跨境电商知识产权侵权的比例最高，而《商标法》是海关进行知识产权海关保护的重要依据，但海关对商标权的保护与《商标法》的规定并不能直接画等号。根据《商标法》的相关规定，以下三种行为均属于侵犯商标专用权的行为。

第一，未经商标注册人的许可，在同一种商品上使用与其注册商标相同的商标。

第二，未经商标注册人的许可，在同一种商品上使用与其注册商标近似的商标。

第三，在类似商品上使用与其注册商标相同或近似的商标，容易导致混淆的。

2012年，美国苹果公司因侵犯深圳唯冠的iPad商标权，被诉至法院。最终以苹果公司付出了6 000万美元的代价取得了iPad商标权的转让而和解。当时的唯冠公司濒临破产，债权人已达数百人，其最大的财产估值主要集中在iPad商标的价值上，该商标使深圳唯冠公司起死回生。由此可见，维护自身品牌的声誉与权利对每一个企业来说都至关重要。

跨境电子商务交易过程中，侵犯商标权的行为主要表现在以下四方面。

第一，个别网络平台、网店未经权利人授权，销售权利人已经注册的商标专用权。

第二，使用与其他人在互联网上已经注册的商标相似的商标。

第三，未经许可使用他人已合法获得的公司、商业名称、商标标志。

第四，利用域名抢注与他人商标相同或近似域名的侵权行为及利用网上侵犯他人商标使用权等方面。

并非所有的商标侵权行为都属于海关实施知识产权保护的范围，基于"不告不理"原则和海关行政执法的特点，海关可以仅仅对企业申请备案的商标进行保护，而不必然对《商标法》所称的"近似商标"进行查处，实践中各地海关的做法也不完全一致。所以，进出口企业如果想要充分保护自己商品的知识产权，可以考虑将商品的主打商标、二级商标、防御商标都向海关申请备案，一商标一申请是最稳妥的商标保护措施。

（1）开展自营业务的跨境电商。

当前，跨境电商的政策多处于试水期，如对于B2C零售进口商品暂时按照货物征税，但按照物品管理，这意味着对于小件包裹的邮递物品存在适用非商业性有限豁免的可能。根据《与贸易有关的知识产权协定》第六十条的规定，对于旅客个人行李中所携带的或小型交运件中发送的少量非商业性的商品，可以不适用《与贸易有关的知识产权协定》。我国《知识产权海关保护条例》同样遵循了行邮物品有限豁免的原则，即对于自用且在合理数量范围内的侵权商品不启动知识产权海关保护执法措施。对于超出自用、合理数量范围的侵权物品，收寄件人可以向海关声明放弃，进而免除行政处罚。

如果跨境电商的贸易规模较大，以货物方式进出口，那么进出口货物的收发货人或其代理人都要向海关如实申报进出口货物的知识产权状况，对于需要向海关申报但进出口货物收发货人及其代理人未按照规定向海关如实申报有关知识产权状况，或者未提交合法使用有关知识产权的证明文件的，海关可以处5万元以下罚款；在进出口过程中被海关查出侵权货物的，跨境企业将面临货物被没收并处货物价值30%以下罚款的处罚。

就具体认定方法而言，我国《海关法》与《知识产权海关保护条例》中并没有明确何为进出境环节的侵权行为，但《知识产权海关保护条例》明确规定，海关保护是以《商标法》《专利法》和《著作权法》及有关法律法规为依托的。海关对涉嫌侵权的货物进行调查，也可以请求有关知识产权主管部门提供咨询意见。

（2）作为平台企业的跨境电商。

对于跨境电商平台而言，从责任分担角度来讲有两个层面，一是平台作为一个提供商应该自律，就是类似于平台的自律责任；二是政府通过公权力，站在公共利益的角度要求平台承担的相应责任。

"平台责任"包括以下几个方面：一是强化电商平台的审查责任，明确审查的范围和审查的流程；二是明确平台的备案责任，保证货物流和信息流对应，对于在平台销售的侵权产品可以追溯到侵权人；三是要求平台及时处理侵权商品，包括通知权利人、删除侵权商品信息、惩罚侵权商家等；四是规定平台的侵权连带责任，即对于未落实前三点义务的平台，一旦发生侵权事件，电商平台可能与侵权人对知识产权权利人共同承担连带侵权责任。

拓展案例

四川野马状告福特野马涉嫌商标侵权一审胜诉

提到"野马汽车"，大多数消费者首先想起的是美国知名汽车品牌"野马"（Mustang）。殊不知，在中国四川，也有一家野马汽车，且早在1986年便已注册了"野马"商标。两家公司终因品牌"重名"而对簿公堂。成都市中级人民法院作出一审判决：四川野马汽车股份有限公司胜诉并获赔100万元。

近年来，跨国车企在华遭遇知识产权纠纷的不在少数，其中，车辆外观相似度极高导致的诉讼纠纷较多，商标纠纷却不多见，而此次四川野马和福特野马之间的官司便是后者中的一例。

2016年年初，四川野马汽车股份有限公司以涉嫌商标侵权，向成都市中级人民法院提起诉讼，状告福特汽车（中国）有限公司（以下简称"福特中国"）旗下跑车"Mustang"的中文名与其品牌重名，并且要求赔偿经济损失。

四川野马汽车认为，其在1986年已申请注册了野马商标，并且后续申请注册了多个野马图形或文字商标。美国福特汽车全资子公司福特中国在将"Mustang"品牌引入中国市场的过程中，在广告宣传和市场推广中多次直接将"野马"作为"Mustang"汽车的中文标识和品牌，这与四川野马汽车品牌重合。

成都市中级人民法院作出（2016）川01民初15号民事判决书，判决福特中国停止侵害野马汽车公司注册商标专用权，在判决生效后15日内，在"福特汽车官方网站"首页刊登声明，消除影响，并且向野马汽车公司赔偿经济损失100万元。这意味着，福特中国旗下跑车"Mustang"将不能再使用中文名"野马"。

第二节 跨境电商领域的专利侵权风险

一、跨境电商领域专利权侵权行为的主要表现

1. 专利权的概念

专利权的取得是基于《专利法》中规定的条件和程序，向国家专利局提出申请，经审查和批准而授予的发明创造权。在我国，专利主要包括三种：发明、实用新型和外观设计。专利权是创造者或其权利受让人享有在一定时间内对于发明创造的专有权利，表现为以生产、经营为目的制造、使用、承诺销售、销售和进口其专利产品，或者使用其专利方法及使用、许诺销售、销售、进口依照该专利方法直接获得的产品。

2. 我国跨境电商专利权侵权现状

在跨境电商中，专利权侵权主要集中在侵犯许诺销售、进口专利产品或使用其专利方法、假冒专利产品等方面。例如，近年来，义乌、杭州、江苏、上海等地的众多卖家被美国多家婚纱企业起诉，认为被告中国卖家在跨境电商平台上所售婚纱侵犯了其外观设计专利权，同时申请法院对跨境电商卖家 PayPal 账户中的资金进行冻结保全，而且这些卖家将面临高额的专利侵权索赔。

企业一旦存在涉嫌侵权的行为，就很容易卷入诉讼。因此，杜绝知识产权侵权行为是防范风险的根本。从长远发展的角度看，跨境电商在发展过程中，注重自有品牌的打造和维护，并且进行知识产权的保护才是长久之道。在我国，在申请外观设计专利或注册商标时，申请人通过知识产权服务平台向国家知识产权局专利局或商标局递交申请请求书和设计文书等必要文件，审查合格率相对较高，费用相对较低，同时专利质量能够得到保障。

二、跨境电商领域专利权侵权行为分析

1. 专利权的取得

（1）查询外观专利。如果自己有一款产品，有些功能或外观想要申请专利，肯定要查询是否已经被人注册了。

① 选择合适的专利数据库。专利具有地域性，因此，为了保护自己的专利，发

明人一般会在想要得到保护的国家申请专利保护。此外，由于专利是一种鼓励创造的发明技术的揭露，各国均会在该国申请或已经核准的创造发明专利公开，所以会有各个国家免费资料库的出现。如果专利涉及多个国家，在不同国家的专利数据库检索不仅浪费时间，还会因为使用语言和语法的不同而存在误差，所以选择一个综合性强、数据资料多的数据库就显得非常重要。

② 主要国家专利检索数据库。

WIPO：http://www.wipo.int/portal/en/

美国 USPTO：http://www.uspto.gov/patent

欧盟 EPO：http://www.epo.org/

日本 JPO：http://www.jpo.go.jp/

韩国 KIPO：http://www.kipo.go.kr/kpo/eng/

中国 SIPO：http://www.sipo.gov.cn/

德国 DE：http://www.dpma.de/

欧洲内部市场协调局：https://oami.europa.eu/ohimportal/en/

澳大利亚 AU：http://www.ipaustralia.gov.au/

加拿大 CA：http//www.ic.gc.ca/eic/site/cipointernet-internetopic.nsf/eng/home

英国 UK：https://www.gov.uk/government/organisations/intellectual-property-office

香港 HK：http://www.ipd.gov.hk/

新西兰 NZ：http://www.iponz.govt.nz/cms

（2）专利申请所需资料。

① 美国外观专利申请所需资料主要有以下几类。

a. 外观设计图片或照片：立体视图和六面视图。六面视图尺寸必须一致，必要时提供参考视图。

b. 申请人的姓名、地址、邮编，以及身份证或护照。

c. 外观设计者声明。

d. 优先权证明文件（如果需要）。

② 欧洲外观专利申请所需资料主要有以下几类。

a. 申请专利的公司资料，包括英文或拼音的公司全称，公司的英文地址及电话传真邮箱等。

b. 要注册专利的产品资料及六面视图。

c. 一份申请中可以包含同一专利分类下的多个产品，费用比分别单独申请便宜。

d. 若主张存在国内注册的优先权，则需要国内已在先注册的优先权外观设计的官方证明的副本及对应的英文或法文翻译。此类文件可在提出申请之日起三个月内提交。

③ 外观专利审查时间及有效时间。

a. 美国外观专利：授权所需时间为 1~2 年；外观专利的有效时间为专利授权日起 15 年；之后无年费。

b. 欧洲外观专利：授权所需时间为 3~4 个月，保护期限为 25 年。

（3）专利申请的流程。

① 我国专利申请的流程如下。

检索专利能否检索→签订保密协议→整理技术交底书→签订代理委托协议→撰写申请材料并确认→提交受理→专利审查→专利授权缴费→领取证书→年费监控。

② 欧盟外观专利申请的流程。

a. 申请流程：申请后 2~4 个星期官方回执，并且有一个受理号码。

b. 从申请到授权所需时间：3~4 个月。

c. 欧盟外观采用的是洛迦诺分类（LOC）。

d. 审查：欧盟商标局只根据以下两个绝对核驳事由对申请进行审查：主要对象是否符合外观设计的定义；外观设计是否违背公序良俗。

e. 公告宽限期：可以提供 12 个月的公告宽限期，使得外观设计师在进行注册之前对商业上取得成功的可能性进行验证。

f. 延期公布：如果申请人不愿意立刻公布设计，可以要求延迟公布。延迟公布的，最长可以推迟 30 个月。如果希望申请取消延期，可以在任何时候请求公布该项设计，但是如果选择自始至终不公布，那么注册将在 30 个月后失效。一般情况下，最晚要在第 27 个月的时候申请公布。

g. 保护期限：欧盟外观设计保护期为自申请日起 5 年，期满后可续展 4 次，每次 5 年，最长保护期为 25 年。

小知识

2017年，我国发明专利申请量为138.2万件，同比增长14.2%；审结74.4万件，授权周期稳定在22个月；PCT国际专利申请受理量5.1万件，同比增长12.5%；排名跃居全球第二。实用新型和外观设计申请量分别为168.8万件和62.9万件。国内（不含港澳台）发明专利拥有量为135.6万件，每万人口发明专利拥有量达到9.8件。专利质押融资额为720亿元，同比增长65%。专利保险金额为99.85亿元，同比增长170.6%。知识产权使用费进出口额超过300亿美元。知识产权贯标企业达到2.6万家。已在20个城市启动实施中小企业知识产权战略推进工程。全国专利代理机构达到1 824家，执业专利代理人达到16 367人。知识产权示范和优势企业达到2 788家。新评选出中国专利金奖20项，外观设计金奖5项，优秀奖870项，金奖获奖项目实现新增销售额939亿元。与WIPO及有关国家和地区知识产权机构签署多双边合作协议52项，与23个国家开通专利审查高速路。

拓展案例

德国旭普林状告上海中驰股份专利侵权案

历时4年的跨国诉讼，1 400多个日夜的煎熬，德国建筑及土木工程界巨头旭普林状告上海中驰股份专利侵权案，二审终以中国民企的胜利画上句号。二审撤销了一审判决，驳回旭普林的诉求，并判其承担二审相关费用。

2014年1月10日，德国旭普林将中驰股份告上法庭并索赔人民币1 400万元，理由是上海中驰股份提供的用于京沪高铁的声屏障产品（见图3-2）侵犯了其在中国的某项发明专利权。2005年5月，中驰股份成立，产品主要以声屏障为主，拥有几十项发明或实用新型专利，应用于各地公共设施，包括京沪高铁等国家重点项目及大型市政工程项目。

图3-2 案件涉及的高铁声屏障

原告方德国旭普林工程股份有限公司，是国际建筑及土木工程界的"巨无霸"，是德国最大的承包商之一，在全球拥有超过8 000名员工。在2014年全球最大225家国际工程承包商中旭普林排名58位。根据《专利法》，侵权产品的生产者和使用者均需要缴纳专利许可费。2014年11月20日，中驰股份一审败诉，被判赔偿旭普林人民币800万元。中驰一方随即向北京高院提起上诉。

一审败诉后，中驰股份立即组织了专业的技术和法律团队，对本司技术和涉案专利进行认真的比对和分析，并且对现有技术进行了全面的检索后发现，中驰股份的产品和对方专利存在很大区别，但在一审中并未指出这些实质性区别。

在向北京高院提起上诉的同时，中驰股份针对涉案专利向国家知识产权局专利复审委员会提出专利权无效宣告请求。认为德方旭普林就该技术的专利申请涉嫌恶意抢册，在德国并未注册成功，仅在中国注册了相关专利。2015年9月7日，中驰股份收到专利复审委员的无效决定书，宣告涉案专利全部无效。

国外企业的知识产权保护意识相对较强，他们非常善于运用专利诉讼来限制竞争对手，以此达到打击竞争对手的目的。当力量弱小的民营企业遭受到国外企业的专利恐吓时，往往害怕退缩，以经济赔偿来换取暂时的和平，国内的一些声屏障制造企业，都因惧怕旭普林的诉讼，已经先行向其缴纳了专利许可费。

2．侵犯专利权的行为

在电子商务活动中，专利的问题首先是专利产品的"许诺销售、销售、进口"行为是否合法。我国《专利法》第十一条规定："发明和实用新型专利权被授予后，除本法另有规定的以外,任何单位或者个人未经专利权人许可,都不得实施其专利,即不得为生产经营目的制造、使用、许诺销售、销售、进口其专利产品,或者使用其专利方法及使用、许诺销售、销售、进口依照该专利方法直接获得的产品。外观设计专利权被授予后,任何单位或者个人未经专利权人许可,都不得实施其专利,即不得为生产经营目的制造、许诺销售、销售、进口其外观设计专利产品。"

其次是电子商务中销售假冒专利产品的行为。《专利法实施细则》第八十四条给出了假冒专利的行为说明:①在未被授予专利权的产品或者其包装上标注专利标识,专利权被宣告无效后或者终止后继续在产品或者其包装上标注专利标识,或者未经许可在产品或者产品包装上标注他人的专利号;②销售第①项所述产品;③在产品说明书等材料中将未被授予专利权的技术或者设计称为专利技术或者专利设计,将专利申请称为专利,或者未经许可使用他人的专利号,使公众将所涉及的技术或者设计误认为是专利技术或者专利设计;④伪造或者变造专利证书、专利文件或者专利申请文件;⑤其他使公众混淆,将未被授予专利权的技术或者设计误认为是专利技术或者专利设计的行为。专利权终止前依法在专利产品、依照专利方法直接获得的产品或者其包装上标注专利标识,在专利权终止后许诺销售、销售该产品的,不属于假冒专利行为。其中第②、③、④、⑤项在电子商务活动中都较为常见。

再次是电子商务方法专利的问题。根据美国专利商标局对商业方法专利给出的定义,商业方法专利是指:装置和对应的方法,用于商业运作、政府管理、企业管理或财务资料报表的生成,它使资料在经过处理后,有显著的改变或者完成运算操作;装置及对应的方法,用于改变货物或服务提供时的资料处理或运算操作。以某个电子商务网站为例,该网站实现的是版权出版物(传统出版物和数字出版物)的销售,它具有一定的实现方法,这属于一种思想上的逻辑方法,如果通过软件编写并结合计算机实现,那么这样的一个技术方案,只要满足了专利的三性(新颖性、创造性、实用性),是完全可以请求以专利的形式进行保护的。这里同时涉及软件的保护方式问题,通常软件可以采取著作权的方式进行保护,也可以采用专利的方式加以保护。但是软件著作权保护的侧重点是表达的方式,是编程语言的组织形式,通常只有结构相同或实质相同才有可能构成侵权。

最后是著作权对于两个完全一样的作品,如果能证明另一件并非抄袭而具有独创性,那么也不构成侵权;而专利保护的是技术特征,只要他人的技术方案落入了保护的范围,就构成侵权,因此,从某种意义上来说,其保护范围比较全面。综上,在电子商务中，商业方法专利、计算机软件也可能涉及专利权侵权。

第三节　跨境电商领域的版权侵权风险

一、跨境电商领域版权侵权行为的主要表现

著作权又称版权（copyright），是指自然人、法人或其他组织对文学、艺术和科学作品依法享有的财产权利和精神权利的总称。权利客体包括以下列形式创作的文学、艺术和自然科学、社会科学、工程技术等作品：①文字作品；②口述作品；③音乐、戏剧、曲艺、舞蹈、杂技艺术作品；④美术、建筑作品；⑤摄影作品；⑥电影作品和以类似摄制电影的方法创作的作品；⑦工程设计图、产品设计图、地图、示意图等图形作品和模型作品；⑧计算机软件；⑨法律、行政法规规定的其他作品。

被称为"哈利·波特之母"的英国畅销书作家J.K.罗琳身价超10亿美元，其作品《哈利·波特》仅在中国就获取了9 550万元版税，她利用版权和IP红利成为人类历史上第一位靠写作收入过亿元的富豪。著作权要保障的是思想的表达形式（作品），而不是保护思想本身，因为在保障著作财产权此类专属私人之财产权利益的同时，尚须兼顾人类文明之累积与知识及资讯之传播，从而算法、数学方法、技术或机器的设计均不属著作权所要保障的对象。

著作权包括人身权和财产权两个方面的内容。著作权保护的核心是保护著作权所有者控制作品传播和使用的权利。在传统技术条件下，著作权所有者对作品的复制权、发布权、播放权等权利都比较容易把控。但是，在现代网络技术条件下，著作权所有者面临着权利"失控"的严重威胁。

跨境电子商务中的著作权问题包括以下两个方面：一是直接侵权，即没有作者或其他著作权所有者的授权，以任何方式进行复制、发行、改编、翻译、广播、展览、电影制作等行为均构成侵犯著作权；二是间接侵权，即电子商务，网络提供商（ISP）因用户侵权而承担侵权责任。例如，2015年底近4 000家以销售婚纱礼服为主的跨境电子商务独立网站被一家美国公司起诉，理由是这些网站涉嫌侵犯美国一家婚纱公司的著作权，这些企业的PayPal账户也被冻结了。

二、跨境电商领域版权侵权行为分析

美国的著作权立法与国际条约基本一致，其保护对象不是作者，而是发行者和社会，著作权的内容包括经济权利而不包括人身权，保护范围包括所有具备独创性的智力成果，数字作品也纳入著作权保护框架，保护力度上已经超过《世界知识产权组织版权条约》和《世界知识产权组织表演和录音制品条约》两个国际版权条约。而我国注重保护著作权的人身权和财产权，但是保护对象仍较为模糊，我国《著作权法》对保护范围的阐述并不完整，尤其对相关权利、未披露信息、集成电路设计及科技新产品等还未纳入保护范围，在强制许可、合理使用范围上也与《与贸易有关的知识产权协定》有一定冲突。在著作权风险方面的表现主要集中在对复制权、传播权、发行权的侵犯，对信息网络传播权的侵犯，以及对数据库的侵犯。

1. 侵犯复制权、传播权、发行权

在传统环境下的著作权的保护，如复制权、传播权、发行权属于著作权人。这些权利保护模式在传统的环境下已经基本成熟。而在跨境电商的环境下，著作权人对作品的复制权、传播权、发行权都受到严重威胁，侵权人很容易在未得到权利人授权和许可的情况下，将作品肆意传播。

在跨境电商运营的过程中，通常可以看到将那些未授权和未许可的作品进行数字化转化，那些文字、图像、音乐等通过计算机转换成为可以被计算机识读的数字信息，进而通过网络传输的现象。这样的行为不具有创造性，是一种对原权利人的复制权、传播权、发行权的侵犯。

2. 侵犯信息网络传播权

从本质上来讲，在将原作品数字化后，上传到网络平台上的行为是对原权利人的信息网络传播权的侵害。网络具有无国界性、全球性，这使得任何人可以在任何地点、任何时间通过网络下载该作品。也正因为上述原因，侵权人可以轻易地通过网络交易来盈利，使原权利人的利益受到损害。

网络服务商侵权行为承担责任问题、如何确定侵权事实的存在及损害赔偿的原则问题，以及网络店家在"第三方电子商务平台"中未经授权销售盗版的出版物时"第三方电子商务平台"责任的分担问题，这些都是亟待解决的问题。

另外，在跨境电子商务中，一些网上商城、网店经常出现一些没有得到授权的宣传图片、广告语、原创性商品描述，显然这些也应该受到广泛的关注。

3. 侵犯数据库

一般认为，数据库是由文学艺术作品或其他信息材料有序集合而形成的汇编物。这些文学艺术作品及其信息集合属于著作权保护范围。数字化的数据库在跨境网络下极易被复制和传播。侵权行为人可以采用互联网文件传输功能轻易地将数据库远程取走，这严重侵害了原权利人的合法权益。

2016年7月，联合国贸易法委员会通过了关于跨境电子商务网上争议解决的文件——《关于网上争议解决的技术指引》，一些国家已采取相应对策。我国也可以探索与国际接轨的多元化在线纠纷解决机制（Online Dispute Resolution，ODR），以便快捷有效地解决境内和跨境电子商务版权争议。中国国际经济贸易仲裁委员会（简称"贸仲委"）设立网上争议解决中心（http://www.odr.org.cn/），提供"快速高效网上仲裁服务"，解决中国域名、亚洲域名、通用网址、无线网址及短信网址争议。2015年8月17日，滨江法院电子商务全程审理互联网著作权纠纷案件，原告与被告远隔数千里，整个流程包括立案、开庭等都通过网上法庭系统完成。

拓展案例

"功夫熊猫"商标争夺见分晓

作为风靡全球的动画电影，《功夫熊猫》在中国上映将满一年之际，一家中国企业于2009年6月23日针对医疗诊所、美容院等服务提出"功夫熊猫"商标的注册申请。此举引发电影出品方美国梦工场动画影片公司（下称"梦工场"）的不满，双方由此展开了一场权属争夺。2018年1月7日，北京市高级人民法院向上海卫普服饰有限公司（下称"卫普"）公告送达（2017）京行终3858号判决书。根据该判决书显示，北京市高级人民法院终审认定卫普申请注册第7491648号"功夫熊猫"商标，侵害了梦工场对《功夫熊猫》知名电影名称所享有的民事权益。至此，双方历时7年的纠纷告一段落。

第四节 跨境电商领域的商业秘密侵权风险

商业秘密是可以为权利人带来经济利益，并且采取切实措施予以特殊保护，公众所不知悉的技术信息和商业信息。客户、订单、出口价格等信息作为外贸企业的核心商业秘密，其业务价值大，是最有价值的无形资产，也是企业利润和核心竞争力的源泉。

商业秘密的范围非常广泛，主要包括技术秘密、交易秘密、运营秘密和管理秘密等多种类型。一项商业秘密要得到法律的保护，一般应具备秘密性、价值性、实用性、保密性等特征。互联网时代，大多数商业秘密是以电子形式存储于计算机或网络服务器中的，在利用互联网进行电子交易时产生的交易数据、客户信息和电子邮件等就属于商业秘密。商业秘密的电子化和网络化在无形中增加了保护商业秘密的难度，因此，对于商业秘密也应给予特殊的保护。美国出台了联邦法层级的《2016年保护商业秘密法》(*Defend Trade Secrets Act of 2016*)，再加上中美贸易摩擦日益加剧的现实，可以预测，今后337调查商业秘密案件的数量将大幅上升。

大数据时代，商业秘密的保护面临着更加复杂的形势，以数据形态存在的商业秘密很容易在不经意间流出，变得更具暴露性，商业秘密数据泄露的危险增大。

一、跨境电商领域商业秘密侵权行为的主要表现

1. 以不正当手段获取商业秘密

我国《反不正当竞争法》第九条第一款规定，经营者不得采用盗窃、贿赂、欺诈、胁迫、电子侵入或者其他不正当手段获取权利人的商业秘密，即以不正当手段获取商业秘密。以不正当手段获取商业秘密在大数据时代的主要表现方式是，黑客利用木马病毒等技术手段侵入企业的电脑硬盘、电子邮箱或者企业的数据库窃取商业秘密，另一种手段是云服务提供者或其雇员利用管理网站和服务器的优势，秘密窃取用户的商业秘密。

当侵权人是商业秘密所有者的竞争对手的时候，这就会削弱商业秘密所有者的竞争优势，给商业秘密所有者带来不可估量的损失。

2. 非法披露、使用或允许他人使用以不正当手段获取的商业秘密

我国《反不正当竞争法》第九条第二款对这种行为明确加以禁止。非法披露是指将以不正当手段获取的商业秘密向他人扩散；使用是指获取人将非法获取的商业秘密运用于自己的生产经营活动；允许他人使用是指获取人以有偿或无偿的方式将商业秘密非法提供给第三人使用。此种商业秘密的侵权形式在大数据时代主要表现为非法披露，如将权利人的商业秘密上传至BBS、FTB、MSN、QQ、BT、Newsgroup、

Telnet、博客、微博或其他网页上，供网友下载或传播，导致权利人的商业秘密丧失了秘密性。

3. 不当使用、披露来源正当的商业秘密

不当使用、披露来源正当的商业秘密包括两种情况：一是与权利人有业务关系的单位或个人违反合同约定或者违反商业秘密权利人保守商业秘密的要求，披露、使用或者允许他人使用其所掌握的权利人的商业秘密；二是商业秘密权利人的职工，包括在职职工和离职职工，违反合同约定或者违反权利人保守商业秘密的要求，披露、使用或者允许他人使用其所掌握的权利人的商业秘密。这种侵权行为会导致权利人的商业秘密信息的完整性和实用性遭到破坏，使商业秘密丧失原有的价值。

4. 第三人恶意获取、使用、披露商业秘密

这种侵权行为主要表现为一些想证明自己黑客技术高超的电脑爱好者，或者商业秘密权利人的竞争对手采用黑客技术，侵入商业秘密权利人的计算机信息系统并故意传播计算机病毒等破坏性程序，对储存在服务器上或正在传输过程中的商业秘密数据进行修改、删除等操作，破坏权利人商业秘密数据信息，或者通过这些操作非法获取权利人的商业秘密并加以披露、使用。

二、跨境电商领域商业秘密侵权行为分析

大数据时代，包括商业秘密数据在内的企业数据迅速增长，企业在享受大数据技术带来的极大方便时，通过技术手段存储的商业秘密数据的安全也面临着史无前例的考验。企业商业秘密泄露的风险大大增加，尤其是跨境数据存储和流动严重威胁着企业商业秘密的安全。

目前，国际社会对跨境数据存储和流动并没有明确和统一的界定，联合国跨国公司中心认为，数据跨境存储和流动是指跨越国界对存储在计算机中的机器可读的数据进行处理、存储和检索，因此跨境数据存储和流动，一是指数据跨越国界传输和处理；二是数据虽然没有跨越国界，但第三国的主体能够很容易地进行访问。随着大数据技术的飞速发展，数据跨境存储和转移变得更加容易，数据的跨境也更加频繁。与此同时，数据跨境流动的安全问题也开始显露，企业的商业数据通过云服务进行存储和处理，大规模的企业商业数据跨境存储在全球各地的数据中心，因而企业的商业秘密数据存在较大的安全风险隐患。

小知识

《电子商务法》关于商业秘密的规定

2019年1月1日起施行的《电子商务法》第二十五条规定：有关主管部门依照法律、行政法规的规定要求电子商务经营者提供有关电子商务数据信息的，电子商务经营者应当提供。有关主管部门应当采取必要措施保护电子商务经营者提供的数据信息的安全，并对其中的个人信息、隐私和商业秘密严格保密，不得泄露、出售或者非法向他人提供。第八十七条规定：依法负有电子商务监督管理职责的部门的工作人员，玩忽职守、滥用职权、徇私舞弊，或者泄露、出售或非法向他人提供在履行职责中所知悉的个人信息、隐私和商业秘密的，依法追究法律责任。

拓展训练

一、简答题

1．跨境电商领域的知识产权风险有哪些？
2．跨境电商领域侵犯商标权的行为主要有哪些？
3．跨境电商领域侵犯商业秘密的行为主要有哪些？
4．用图表的方式描述我国专利申请的基本流程。

二、案例分析题

1．刘敏在美国学习期间完成了一项产品发明，于2014年12月2日在美国提出了专利申请，并于2015年5月7日就相同产品在我国提出专利申请，同时提交了要求优先权的书面声明及相关文件。甲企业2016年10月开始在北京制造相同产品，在刘敏获得专利权后，甲企业在原有范围内继续制造。2018年2月刘敏许可乙企业在北京独家生产该产品，同年刘敏自己也在北京建厂生产该产品。2018年5月，丙企业未经刘敏的同意，从美国购买、进口了合法生产的该专利产品在中国销售。请问：

（1）刘敏的申请日是哪一天？为什么？

（2）甲企业是否侵犯了乙企业的独家实施权？为什么？

（3）刘敏是否侵犯了乙企业的独家实施权？为什么？

（4）丙企业是否侵犯了刘敏的专利权？为什么？

2. 乔丹公司是国内具有较高知名度的体育用品企业，原名"福建省晋江市陈埭溪边日用品二厂"，其于2000年注册了中文"乔丹"、拼音"QIAODAN"等商标，并更名为"晋江市乔丹体育用品有限公司"，后于2009年12月更名为乔丹公司。2012年，美国篮球明星迈克尔·乔丹以中国的乔丹公司争议商标的注册损害其姓名权等为由，向中国国家工商行政管理总局商标评审委员会提出撤销争议商标的申请，但商评委裁定争议商标予以维持。迈克尔·乔丹不服，相继向北京市第一中级人民法院和北京市高级人民法院提起上诉，但上诉被驳回。2015年，迈克尔·乔丹向中国最高人民法院申请再审。

请查阅相关资料，分析"乔丹"商标争议案件的主要原因及判决结果。

| 第四章 |

跨境电商知识产权风险的规避

 学习目标

知识目标

- 掌握跨境电商领域的商标风险
- 掌握跨境电商领域的专利风险
- 掌握跨境电商领域的版权风险
- 掌握跨境电商领域的商业秘密风险

能力目标

- 合理规避跨境电商领域的商标风险
- 合理规避跨境电商领域的专利风险
- 合理规避跨境电商领域的版权风险
- 合理规避跨境电商领域的商业秘密风险

素质目标

- 树立风险防范意识
- 加强企业知识产权保护工作

导入案例

广州思竹网络科技有限公司是一家跨境电商企业，主营产品为化妆品，在 eBay、速卖通等平台开展业务。2016 年 7 月 8 日，通过商标许可的方式，从商标权人余某某处取得第 13475307 号 "Jeffreestar" 注册商标的独占使用权，同时通过支付高额转让费依法受让取得该商标，并已向商标局提出转让申请。该商标的核定使用商品范围包括化妆品、香水等，专用权期限为 2015 年 2 月 7 日至 2025 年 2 月 6 日。广州思竹网络科技有限公司发现，义乌市隽邦工艺品厂未经其授权，擅自在其经营的阿里巴巴网店"义乌市隽邦工艺品厂"售卖带有"JEFFREESTAR"标识的唇彩等化妆品，并且以低价销售，恶意竞争，广州思竹网络科技有限公司多次要求义乌市隽邦工艺品厂停止商标侵权，但未果。

2016 年 12 月 1 日，广州思竹网络科技有限公司向浙江省义乌市人民法院提起诉讼，请求法院判令义乌市隽邦工艺品厂立即停止生产、销售及许诺销售侵犯原告独占使用的第 13475307 号 "Jeffreestar" 注册商标专用权商品的行为，赔偿经济损失及因制止侵权行为所支付的合理费用共计人民币 10 万元。法院依法冻结了义乌市隽邦工艺品厂经营者夏腊美的支付宝账户存款 10 万元，并且依法组成合议庭，于 2017 年 6 月 13 日适用普通程序对该案件进行了审理。

法院经审理查明：余某某系第 13475307 号 "Jeffreestar" 注册商标专用权人。2016 年 7 月 8 日，余某某将该商标有偿转让给了广州思竹网络科技有限公司，双方向商标局提出商标权转让申请，2017 年 2 月 13 日该注册商标核准转让给广州思竹网络科技有限公司。义乌市隽邦工艺品厂未经广州思竹网络科技有限公司同意，在其唇彩产品上使用"JEFFREESTAR"标识，经比对"JEFFREESTAR"商标与第 13475307 号 "Jeffreestar" 商标仅在字母大小写上有区别，足以使相关公众对商品的来源产生误认，法院认定构成相同，义乌市隽邦工艺品厂生产、销售被诉侵权产品的行为已构成对第 13475307 号注册商标专用权的侵犯。

2017 年 7 月 21 日，浙江省义乌市人民法院依照《侵权责任法》《商标法》等法律作出一审判决，判令义乌市隽邦工艺品厂经营者夏腊美立即停止生产、销售侵犯广州思竹网络科技有限公司第 13475307 号注册商标专用权的商品的行为，于本判决生效后 10 日内赔偿广州思竹网络科技有限公司经济损失人民币 30 000 元。

讨论：结合案例，说明法院判决被告承担侵权责任的事实依据和法律依据是什么，谈谈你对商标侵权社会危害性的认识。

第一节　商标风险的规避

一、商标与电子商务

商标是商品的生产者、经营者在其生产、制造、加工、拣选或经销的商品上或服务的提供者在其提供的服务上采用的，用于区别商品或服务来源的，由文字、图形、字母、数字、三维标志、声音、颜色组合，或上述要素的组合，具有显著特征的标志。我国《商标法》第三条规定："经商标局核准注册的商标为注册商标，包括商品商标、服务商标和集体商标、证明商标；商标注册人享有商标专用权，受法律保护。"第八条规定，"文字、图形、字母、数字、三维标志、颜色组合和声音等，以及上述要素的组合"可以申请注册商标，并没有把在网上出现的某一动态过程作为商标来保护。在网络环境下开展的商业活动，已使人们感到用"视觉感知"去认定，比用"文字、图案"认定商标更能适应现代化商业活动的发展需要。

从商标权人的角度看，商标给予消费者在网络上识别高质量商品或服务，并且确定来源。商标得到保护，不仅有利于维护商标权利人的利益不受侵犯，同时避免了消费者购买到假冒伪劣商品和服务的风险。但是，商标作为一种图形符号，在网络上容易采用技术手段复制和仿冒，受到不法分子的竞相追逐。

二、商标风险规避对策

1. 卖方应重视产品售前的知识产权风险评估工作

作为卖家，应强化知识产权风险意识，在尊重他人的商标权等知识产权的同时，注重自己知识产权的运用与保护工作。平台上的卖家大多仅为销售企业，其销售的商品是通过生产厂家或代理商等渠道采购进货的，在选品进货的过程中，卖家更关注的往往是商品的质量、价格等因素，商标等知识产权权属状况很容易被忽略，从而极易产生商标侵权等知识产权风险。因此，在商品上架销售前，卖家应重视商标权等知识产权风险评估工作，重点对注册商标的权属、注册时间、注册地点、注册证书号、保护内容、商标的适用范围、商标的种类、商标的知名度、商标有无转让许可等方面进行调查评估。同时,在上架后要密切关注自己所售商品的知识产权状况,若可能存在商标等知识产权侵权行为,应立即将侵权商品删除。此外,要严格控制进货渠道,杜绝来源不明的产品,确保所销售的商品不存在知识产权侵权问题。

2. 依法使用他人注册商标

我国《商标法》第四十三条规定,商标注册人可以通过签订商标使用许可合同,许可他人使用其注册商标。许可他人使用其注册商标的,许可人应当将其商标使用许可报商标局备案,由商标局公告。以上是合法使用他人注册商标的法定条件,因此,若要使用他人的注册商标,首先要与注册商标权利人依法签订商标使用许可合同,除对商标许可使用的范围、期限、许可方式、许可费等事项作出明确约定外,还要向到商标局进行商标使用许可备案,由商标局依法公告,该商标使用行为才会得到法律的保护。

3. 注重自有品牌的培育和发展

品牌价值被越来越多的企业所认可,如果你的产品有良好的销售渠道、稳定的品质,建议及时申请注册商标,拥有自己的商标,走品牌化发展之路。利用速卖通平台等宣传推广渠道,不断扩大自有品牌的影响力,让自己的品牌商品抢占国际市场,不断增加产品的附加值。这个过程虽然很漫长,但中国企业要想"走出去",在世界经贸舞台上有自己的一席之地,这一过程是必然要经历的,也是无法回避的。当前,我国正在推行的创新驱动发展战略和"一带一路"倡议要求企业不断转型升级,要变"中国制造"为"中国创造",不能再停留在贴牌、代加工的传统老路上,因此不断创新产品、积极培育和创造自主品牌,以及提高产品附加值就显得尤其重要。

4. 为所售商品及时申请知识产权海关保护

2003年12月,国务院颁布了《知识产权海关保护条例》,确立了我国知识产权海关保护制度。《知识产权海关保护条例》规定,出口货物的发货人或其代理人应当按照国家规定,向海关如实申报与出口货物有关的知识产权状况,并且提交有关证明文件,进行注册商标专用权海关知识产权保护备案。备案后,一旦发现出口货物涉嫌侵犯已在海关总署备案的商标权,海关应依职权主动中止货物的通关程序,通知有关商标权人,根据商标权人的申请依法对涉嫌侵权货物实施扣留,对货物的侵权状况进行调查,对相关责任人依法给予行政处罚,积极利用海关对进出境货物的监管,严厉打击跨境领域的商标侵权行为。

5. 加大商标侵权的维权力度

商标权人一旦发现自己的注册商标被他人侵权，应及时进行证据保全，固定证据。如果侵权情节轻微，可以考虑通过平台知识产权保护渠道进行在线侵权投诉，由平台方对侵权行为进行调查，一经认定构成侵权，平台将主动删除侵权产品的链接，从源头上禁止侵权行为。此外，还可以向工商行政部门进行商标侵权投诉，由工商部门进行查处，构成侵权的，将由工商部门依法作出行政处罚，给商标权人造成较大经济损失的，权利人还可以依法向人民法院提起商标侵权民事诉讼；侵权情节严重涉嫌犯罪的，可以向公安机关举报，由公安机关立案侦查，依法追究侵权人的刑事责任。只有权利人重视商标权的保护，积极进行商标维权，让侵权人得到应有的法律制裁，才能形成依法、诚信的法律环境和商业环境，才能杜绝和减少各类商标侵权行为的发生。

第二节 专利风险的规避

一、专利与电子商务

专利权是创造者或其权利受让人享有的在一定时间内对于发明创造的专有权利，专利权是基于《专利法》中规定的条件和程序，向国家专利局提出申请，经审查和批准而授予的发明创造权。在我国，专利主要包括三种：发明、实用新型和外观设计。

在跨境电商领域，专利权侵权主要集中在侵犯许诺销售、进口专利产品或使用其专利方法、假冒专利产品等方面。例如，近年来，义乌、杭州、江苏、上海等地的众多卖家被美国多家婚纱企业起诉，认为被告中国卖家在跨境电商平台上所售的婚纱侵犯了其外观设计专利权，同时申请法院对跨境电商卖家 PayPal 账户中的资金进行冻结保全，而且这些卖家还将面临高额的专利侵权索赔。

二、专利风险规避对策

在电子商务活动中，涉及专利侵权的主要行为类型是为生产经营目的"许诺销售、销售、进口"专利产品或者使用其专利方法以及"许诺销售、销售、进口"依照该专利方法直接获得的产品。因此，专利侵权问题的判断主要涉及两个层面：首先，确定标的物是否属于专利产品；其次，判断专利产品是否获得属于授权实施的专利产品。与著作权和商标侵权的易判断性不同，专利权保护缺乏像著作权中信息网络传播权那样详细而清晰的规范，加上专利权权属的判定是非常专业的问题，而第三方电子商务平台仅仅掌握产品的信息，却无法了解产品的实物，因此"第三方商品与服务交易平台"很难对相关权属作出判断，也无法清晰界定自己的责任范围。因此，电子商务中专利侵权主要集中在难以判定专利权权属及侵权判定认定问题上，假冒专利同样如此。

除了通常的专利产品在电子商务活动中容易造成侵权和假冒，还有商业方法专利的侵权和假冒是较为常见的。尽管商业方法专利在国际上还有争议，国内学者对商业方法的可专利性问题也展开了热议。我国法律上并没有明确的规定，但是世界各国，尤其是美国等电子商务发达的国家极力推动商业方法以专利的形式进行保护。目前在跨境电子商务领域，国际上确实有国家对商业方法施以专利保护，而国内缺乏相关的实践，这种理论和实践的缺失可能带来巨大的风险。

企业在从事电子商务的过程中，必须高度重视国外有关法律机制的调查研究，分析其提供的产品和服务是否存在知识产权侵权法律风险，并且做好积极的应对准备。

（1）从发展战略的高度谋划企业的专利工作，建立完善的专利管理机制。例如，建立专门机构、加强专业力量、制定规章制度、落实工作经费等。

（2）启动和实施技术研发项目，要明确参与人员的岗位职责，确定知识产权权属。特别是在合作开发或委托科研院所进行技术开发时，更要明确专利权属问题。

（3）建立知识产权保密制度。合理确定企业知识产权保密级别，员工对企业知识产权有保护的义务，跳槽员工不得擅自使用企业商标，不得参与生产、销售原企业的产品等。

（4）与员工签订规范有效的知识产权保护合同。特别是企业在引进或聘用专业技术人才时，更应该在劳动合同中明确知识产权保护内容及竞业禁止等条款。

（5）建立企业专利追踪机制，搜索国内外最新的专利技术，在此基础上确立研发方向，保证研发技术的先进性、前沿性。

（6）重视企业自主创新能力的提高，加速传统产品的技术更新，加速创新性产品的研发，并且及时申请专利保护。

第三节 版权风险的规避

一、版权与电子商务

版权又称为著作权,指自然人、法人或者其他组织对文学、艺术和科学作品依法享有的财产权利和精神权利的总称。一般来讲,版权的客体是指《著作权法》所认可的文学、艺术和科学等作品(简称"作品")。版权保护的核心内容是保障版权人拥有控制作品传播和使用的权利。在传统的传播技术条件下,复制权、发行权、广播权等权利上基本保证了版权人对版权作品的控制。然而,在网络的电子商务环境下,版权人面临着作品"失控"的严重威胁。

电子商务中的版权问题概括起来包括两个方面:一是直接侵权,即未经作者或者其他版权人许可而以任何方式复制、出版、发行、改编、翻译、广播、表演、展出、摄制影片等,均构成对版权的直接侵犯。此外,关于互联网服务提供者由于其服务者的侵权行为和其计算机系统在提供服务过程中的自动复制而被牵涉的侵权责任问题,尚属于未定论的范畴,还需要通过法律规定进一步明确。二是间接侵权,即在电子商务中,互联网服务提供商(ISP)因用户的侵权行为承担的侵权责任。

在涉及电子商务的版权侵权问题时,我们尤其需要注意的是互联网服务提供商侵权问题和链接侵权问题。互联网服务提供商根据其提供服务内容的不同,主要分为网络内容服务商和网络中介服务商两大类。网络内容服务商指自己组织信息通过网络向公众传播的主体。网络内容服务商会提供一些网页,在这些网页上面的内容就存储在网页所在的服务器上。如果网络内容服务商提供的内容服务未经版权人允许,则构成了对作品复制权、网络传播权的侵犯。网络中介服务商的基本特征是,按照用户的选择传输或接收信息,其本身并不组织、筛选所传播的信息。此基本特征决定了其在版权保护法律体系中具有与网络内容提供商不同的法律地位,从而使得其可能承担的侵权责任问题显得更趋复杂,更具有特性。总之,在网络上的间接侵权责任问题方面,互联网服务提供商应当承担责任的大小,目前法律上还没有明确规定,仍在探讨当中。

除了传统的作品形式,技术发展还产生了计算机软件、数据库、多媒体等版权客体,很多电子信息产品直接构成了电子商务的销售对象,从而给知识产权保护带来了新的内容。在计算机软件保护方面,目前世界上已经建立了一个比较全面的版权保护法律体系，将计算机软件纳入版权保护中，给软件提供更加及时和完善的保护。1972年，菲律宾第一个把"计算机程序"列为"文学艺术作品"中的一项。1980年后，美国、匈牙利、澳大利亚及印度先后把计算机程序或计算机软件列为版权法的保护客体。1985年之后，又有日本、法国、英国、联邦 德国、智利、多米尼加、新加坡等国及我国台湾与香港地区，都把它列到了版权保护范围中。1990年，我国制定的《著作权法》《计算机软件保护条例》和《计算机软件登记办法》等建立了对计算机软件的法律保护。

资源（信息）共享始终是互联网的理想和追求，因此，链接技术的出现深受人们的欢迎。所谓链接，是指使用超文本标志语言 html 的标记指令，通过 url 指向其他内容。链接的对象可以是一个网站，也可以是网站中的某个网页，甚至是网页中的某个组成部分。关于链接技术的侵权问题，目前并没有一个统一的说法，不同国家的规定有很大的差别。主要来讲，链接可能侵犯作品的复制权、演绎权及精神权利等。

二、版权风险规避对策

版权是一种有经济价值的资产，能够为其所有者带来收入和增值，因而越来越成为竞争的核心；版权是知识产权，是知识领域的权利归属，也是智力成果得到保护的手段。所以，版权侵权行为不仅侵犯了著作权人的财产权，即经济利益等方面的损失；还造成对其人身权的侵犯，即相应的名誉和维护作品完整性等权利。这是一种风险行为，需通过一系列手段降低版权侵权行为的风险，预防版权侵权行为的发生。

1. 事前做好预防

在版权侵权风险发生前，可以采取一系列预防措施。一是提升版权保护意识，加强对版权保护的法律法规的学习，掌握版权保护的基本原则；二是及时进行版权确权登记，厘清作品的版权及其相关权属关系，建立作品版权登记数据库；三是建立版权管理制度，构建版权管理团队，从制度、人员等方面着手构筑长效机制。

我国版权登记基本流程如图 4-1 所示。

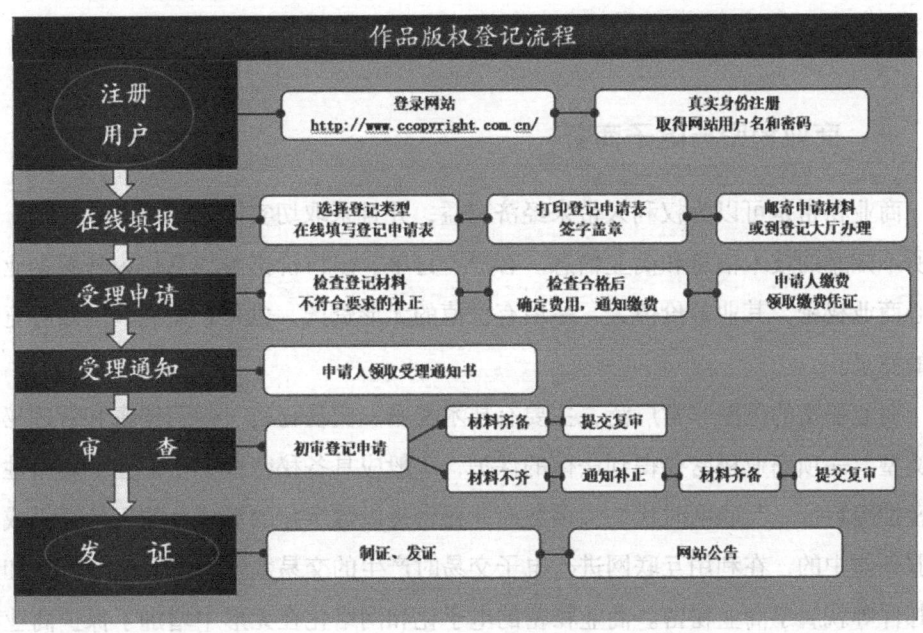

图 4-1 我国版权登记基本流程

2. 事中积极应对

在版权侵权风险发生后,要积极应对版权侵权事件、降低风险损失。一是加强证据收集与保存,固化相关证据,为后续风险降低活动做好准备;二是通过发送律师函件等形式,告知版权侵权事件,提出赔偿申请;三是合理进行调解,争取正当赔偿,降低经济损失。

3. 事后查缺补漏

事后要对版权风险发生的原因进行深入剖析,查找存在的不足,建立及时的补救机制,通过购买保险、转移给供应商等手段将版权侵权风险的损失转嫁出去。一是购买版权保险,现在国内外保险公司均有版权保险。我国主要的版权保险有著作权交易保证保险和版权保险等品种,通过购买版权保险,转移版权侵权风险。二是作品授权开发,通过签订作品授权开发合同,将作品的版权运用风险转移到第三方,降低自身的版权侵权风险减少损失。三是授权律师事务所代理版权法律事务,包括版权风险分析、版权相关合同拟定、版权侵权代理等事务,提供专业版权法律服务,转移和降低自身版权侵权风险。

第四节 商业秘密风险的规避

一、商业秘密与电子商务

商业秘密是可以为权利人带来经济利益，并且采取切实措施予以特殊保护，公众所不知悉的技术信息和商业信息。客户、订单、出口价格等信息作为外贸企业的核心商业秘密，其业务价值大，是最有价值的无形资产，也是企业利润和核心竞争力的源泉。

商业秘密的范围非常广泛，主要有技术秘密、交易秘密、运营秘密和管理秘密等类型。一项商业秘密要得到法律的保护，一般应具备秘密性、价值性、实用性、保密性等特征。互联网时代，大多数商业秘密是以数字化的形式存储于计算机或网络服务器中的，在利用互联网进行电子交易时产生的交易数据，以及客户信息和电子邮件等就属于商业秘密。商业秘密的电子化和网络化在无形中增加了保护商业秘密的难度，因此，对于商业秘密也应给予特殊的保护。

二、商业秘密风险规避对策

1. 企业须合理利用公知信息挖掘商业信息

在获取他人商业秘密的合法取得手段中有一项是反向工程，对于大多数企业来说，反向工程是一种非常有效的合法获取他人商业秘密的手段。商业秘密不同于专利，从保护力度上看，专利的保护力度最强，具有极大的排他性。而对商业秘密明显弱于对专利的保护力度，独立的开发研制和逆向研究是不视为侵权的。此外，专利技术是一种公知技术，商业秘密是非公知技术，对于专利技术，就算知道该技术的方法和过程，只要还在专利的保护期，在没有权利人的允许下也是不得使用的。商业秘密则不同，只要通过合法手段获得，除非同权利人签订了保密与限制使用协议，否则在获得商业秘密后是可以合法使用和转让的。所以用合法手段获取其他企业的产品（如合法购买），再利用本企业的资源进行拆卸、研究都是合法的，并且由此获得的商业信息如果符合商业秘密的条件，也应当作为商业秘密进行保护。

2. 做好日常技术信息与经营信息的资料保存

在企业开发一项新的产品、建立一套新的经营信息系统时，都应当把整个研发、调查、分析的过程记录下来，不单是普通的数据，获得信息的手段、方式等也应完整地保存，这不但是对自己商业秘密的保护，也是主张商业信息构成商业秘密的必要条件，更是在诉讼中作为被告来抗辩的最有利的证据。按照我国的审判规则，被告要想证明自己并无侵犯权利人的商业秘密，就必须证明自己有合法来源，而且这个合法来源要早于"接触"的时间点。可以说这样的规则对于被告来说是较为严格的，如果被告不能证明自己的"合法"与"早于"，结果就是相当不利的。在民事诉讼中，证据标准是证据优势，只要证据具有倾向性就足够了，要让法官在审判中能够认为被告是利用自己的合法手段取得商业信息的，所以必须展现给法官一个完整的信息发展体系。

拓展训练

一、简答题

1. 跨境电商企业应如何规避版权风险？
2. 用图示的方式说明我国著作权登记的基本流程。
3. 跨境电商企业应如何规避专利风险？
4. 跨境电商企业应如何规避商业秘密风险？

二、案例分析题

国内某企业在亚马逊上销售一款女性手提包，从款式到包装都做到上等水平，平台的流量也走向稳定，眼看着品牌知名度刚刚打响，就被竞争对手控诉侵权而被迫下架禁售，原来是竞争对手对同样的技术及外观申请了专利，这下就是"哑巴吃黄连，有苦说不出"了。

如果你是该企业的相关负责人，该如何应对此事件？

第五章

跨境电商知识产权侵权纠纷的应对

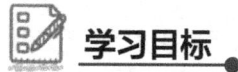 **学习目标**

知识目标

- 掌握知识产权侵权行为的概念及其构成要件
- 掌握知识产权侵权法律责任
- 熟悉知识产权侵权应对措施

能力目标

- 准确识别知识产权侵权行为
- 明确知识产权侵权的法律后果
- 掌握解决知识产权侵权纠纷的基本技巧

素质目标

- 树立依法经营的理念
- 加强对知识产权保护工作的重视

导入案例

黄埔海关、拱北海关跨境电子商务零售进出口专项行动查获侵权货物系列案

黄埔海关结合国家市场监管总局、海关总署等8部门联合部署的"2018网络市场监管专项行动（网剑行动）"，开展跨境电商零售进出口知识产权专项行动，全年累计查获28宗跨境电商渠道侵权案件，截获涉嫌侵权包裹916批次，涉嫌侵权商品30.6万件。此类侵权案件的共同特点是，包装箱中均附有伪造的POS单、购物小票、保修凭证等材料，贸易方式为跨境电商零售进出口，涉及的商品有手表、服装、箱包、鞋帽、烟酒等。

其中，2018年9月29日，该关在对东莞某进出口贸易有限公司出口至香港（地区）的跨境电商商品进行查验时，在车辆中部正常申报的商品中发现了夹藏的615台使用"apple""sumsang""HUAWEI"等商标的手机，涉嫌侵犯苹果公司、三星电子株式会社、华为公司的商标专用权。

拱北海关针对跨境电商零售进出口渠道化整为零逃避海关监管，侵犯知识产权等违法行为混迹其中、更加隐蔽、高发易发等现象，在跨境电商出口国际邮包查验过程中，坚持"同屏比对+人工查验"相结合的方式，共采取知识产权保护措施59批次，查获侵权案件29宗，涉及"LV""GUCCI""ADIDAS""NIKE"在内的61个国内外知名品牌，有效解决贸易碎片化、监管分散化等问题，促进跨境电商平台的净化。

讨论：结合案例，谈谈对商标侵权的社会危害性的认识。

第一节 知识产权侵权责任及其构成要件

一、知识产权侵权责任的概念

知识产权侵权责任和知识产权侵权行为是密切联系而又有不同的两个概念，从字面上理解，知识产权侵权责任就是知识产权侵权行为导致的责任，因此要明确什么是知识产权侵权责任，首先就要搞清楚什么是知识产权侵权行为。而知识产权侵权行为与侵权行为又有着密切而复杂的联系。

1. 侵权行为、知识产权侵权行为概念辨析

侵权行为的概念问题是《侵权行为法》的基础理论，而我国学界对侵权行为的概念并没有定论，争论的核心问题之一是侵权行为是否以过错为构成要件，并以此划分为肯定说和否定说两种主要观点。

肯定说主张以过错为侵权行为的构成要件，具有代表性的定义是：因故意或过失侵害他人合法权益，依法应对所生损害承担赔偿责任的行为。否定说主张不以过错为侵权行为的构成要件，具有代表性的定义是：侵害他人合法权益，依法应承担民事责任的行为。在我国，只有以魏振瀛教授为代表的少部分学者持这种观点，在知识产权领域则以郑成思为代表。在立法上，尚未见有哪个国家的侵权行为法采取此种立法例，但在知识产权法领域，无论是大陆法系的法国、德国、日本，还是英美法系的英国、美国、澳大利亚等主要发达国家，绝大多数采用此种立法例。

根据学者通说和多数立法例，可以认为侵权行为是指因故意或过失侵害他人合法权益，依法应对所生损害承担赔偿责任的行为。知识产权侵权行为，是指侵害他人知识产权，依法应承担民事责任的行为。

知识产权则是在法律对这类以有体物为标的的物权的保护相当完备之后，才由于商品经济及技术的充分发展而产生的一种新型民事权利，各国对知识产权的保护是由各专门法来完成的。在专门法保护的体系内，也并没有形成物权那样的双重保护结构，而是将物权的保护方法与债权的保护方法糅合在一起，从而形成了不以过错为构成要件的知识产权侵权行为的概念。

2. 侵权责任、知识产权侵权责任概念辨析

结合前面对侵权行为的分析可以认为，侵权责任是指因故意或过失侵害他人合法权益，依法对所生损害应承担的赔偿责任；知识产权侵权责任是指因故意或过失侵害他人的知识产权，依法应承担的民事、行政或刑事上的法律责任。

二、知识产权侵权责任的构成要件

在相当一部分学者和大部分教科书看来，一般侵权行为的构成要件等同于损害赔偿责任的构成要件，所谓侵权行为法其实就是损害赔偿法（或称侵权责任法），其构成要件就是我们熟知的：损害事实、违法行为与损害事实的因果关系、主观过错和行为的违法性"四要件"说。前面已经谈了侵权行为和知识产权侵权行为的概念，事实上已经摆明了本书的观点，即知识产权侵权行为不以主观过错和损害事实为构成要件。下面主要从我国知识产权法有关规定的角度简要讨论知识产权侵权行为的构成要件。

1. 损害事实

损害事实即实际发生的损害后果，包括财产上的损失或精神上的痛苦。对此，我国知识产权法有如下若干规定。

（1）《著作权法》第四十七条规定未经著作权人许可的复制行为、汇编行为，第四十六条规定未经表演者许可的录制行为等都属于侵权行为。如果侵权人只是复制、汇编、录制，既没有使用，也没有出售或赠与，就不会造成损害后果，根据民事法律关系保障措施的补偿性特点，不应承担损害赔偿的民事责任。但这些行为在性质上属于侵权行为却是毋庸置疑的。

（2）《专利法》第十一条规定专利权人享有制造权、许诺销售权。如果侵权人只是制造或许诺销售专利产品，既未使用也未出售、赠与，同理也不应承担损害赔偿的民事责任。但《专利法》第五十七条也明白无误地将其规定为侵犯专利权的行为。

（3）《著作权法》第四十九条、《专利法》第六十一条、《商标法》第五十七条分别明确了即发侵权属于侵权行为，应承担民事责任。我们知道，即发侵权行为的实质是有妨害之虞，但还没有产生妨害后果的行为，但仍构成知识产权侵权行为。

可以看出，从我国知识产权立法上看，知识产权侵权行为的构成不以损害事实为要件。

2. 主观过错

有学者认为，侵犯知识产权行为是一般的侵权行为，主张适用过错责任原则；也有学者认为，该类侵权行为具有多种属性，包含一般侵权行为、侵害行为、妨害之虞行为、侵占行为等多种性质的行为，主张针对行为的不同性质分别适用过错责任原则与无过错责任原则；还有学者主张引进无过错责任原则。本书的观点是，与《侵权行为法》中的侵权行为相比，知识产权侵权行为确实具有多种属性，既包括行为人有过错的一般侵权行为，也包括无过错的所谓侵害行为。比如，根据《专利法》第六十三条第二款和《商标法》第五十六条第三款规定，善意的使用和销售行为依然构成侵权，能证明其有合法来源的，可以免除其赔偿责任（免除的仅是赔偿责任），同时规定"应当承担停止侵权行为的法律责任"。非常明显，不但这里讲的侵权行为不需要以行为人过错为构成要件,而且承担"停止侵权行为的法律责任"不需要以行为人过错为要件。因此,概括所有知识产权侵权行为的共同构成要件,就不应当包括主观过错,否则将不当地缩小知识产权侵权行为的外延,如无过错的侵害行为就将被排除在知识产权侵权行为之外。

根据上述简要分析,"四要件"中的损害事实和主观过错都已被排除,那么,违法行为与损害事实的因果关系也就没有适用余地了,如此一来就只剩下行为的违法性这一个要件。也就是说,我们在研究侵权行为法时,通常不认为是侵权行为的侵害行为、妨害之虞行为及侵占行为等,在知识产权领域都可能构成侵权行为。

第二节 知识产权侵权责任的内容

一、民事责任

在我国以《商标法》《著作权法》《专利法》为主体的知识产权法律体系中,针对侵权行为,主要规定了停止侵权、赔偿损失、消除影响、赔礼道歉等责任形式。

停止侵权。是指专利侵权行为人应当根据管理专利工作的部门的处理决定或人民法院的裁判,立即停止正在实施的专利侵权行为。

赔偿损失。侵犯专利权的赔偿数额,按照专利权人因被侵权所受到的损失或侵权人获得的利益确定;被侵权人所受到的损失或侵权人获得的利益难以确定的,可以参照该专利许可使用费的倍数合理确定。

消除影响。在侵权行为人实施侵权行为给专利产品在市场上的商誉造成损害时,侵权行为人就应当采用适当的方式承担消除影响的法律责任,承认自己的侵权行为,以达到消除对专利产品造成的不良影响。

根据前文所述,违法性是侵权行为的唯一构成要件,但不同的责任形式则在违法性的前提之下,还有各自不同的构成要件。下面分别对停止侵权和消除影响、赔礼道歉作简要分析。

(1) 停止侵权。只要构成知识产权侵权行为即同时构成停止侵害的民事责任,在这里,侵权行为和侵权责任的构成要件相同。此外,我国《商标法》《著作权法》《专利法》,都分别对即发侵权作出了类似的规定:当权利人或者利害关系人有证据证明他人即将实施侵犯其知识产权的行为,如不及时制止,将会使其合法权益受到难以弥补的损害的，可以在起诉前向人民法院申请采取责令停止有关行为和财产保全的措施。对权利人来说，这类似于物权请求权中的妨害防止请求权；对义务人来说，则只要其行为具备违法性即构成侵权，即应承担停止侵害的民事责任。

（2）消除影响。在目前的立法上，只有《著作权法》规定了这种责任形式，而且对其构成要件没有明确规定，似乎可以认为只要构成侵犯著作权就要承担消除影响、赔礼道歉的民事责任。在本书编者看来，目前的立法至少存在以下疏漏。

第一，关于消除影响。事实上，不仅在《著作权法》，在《商标法》《专利法》领域也存在因侵权行为对权利人造成不良影响的问题，如对商誉的破坏、对消费者的误导等。我国《专利法》第五十九条规定："假冒他人专利的，除依法承担民事责任外，由管理专利工作的部门责令改正并予公告。"编者认为，这里规定的由管理专利部门进行的"公告"，在性质上当然是一种行政处罚措施，但其目的是消除影响，毫无疑问是应该由侵权人来承担的一种民事责任。关于消除影响这一责任形式的要件，本书认为除行为的违法性外，还应当包括在客观上造成了不良影响，以及侵权行为与不良影响之间存在因果关系。

第二，关于赔礼道歉。毫无疑问，这一责任形式存在的根据是对人身权益保护的需要。我们知道，在知识产权中除商标权没有人身性权利外，著作权、专利权都包括人身权。

二、行政责任

（1）《专利法》第六十条规定：未经专利权人许可，实施其专利，即侵犯其专利权，引起纠纷的，由当事人协商解决；不愿协商或者协商不成的，专利权人或者利害关系人可以向人民法院起诉，也可以请求管理专利工作的部门处理。管理专利工作的部门在处理时，认定侵权行为成立的，可以责令侵权人立即停止侵权行为，当事人不服的，可以自收到处理通知之日起十五日内依照《行政诉讼法》向人民法院起诉；侵权人期满不起诉又不停止侵权行为的，管理专利工作的部门可以申请人民法院强制执行。

《专利法》第六十三条规定：假冒专利的，除依法承担民事责任外，由管理专利工作的部门责令改正并予公告，没收违法所得，可以并处违法所得四倍以下的罚款；没有违法所得的，可以处二十万元以下的罚款。

可见，对专利侵权行为，管理专利工作的部门有权责令侵权行为人停止侵权行为、责令改正并处以罚款等行政处罚。

（2）《商标法》第六十条规定：有本法第五十七条所列侵犯注册商标专用权行为之一，引起纠纷的，可以请求工商行政管理部门处理。工商行政管理部门在处理时，认定侵权行为成立的，责令立即停止侵权行为，没收、销毁侵权商品和主要用于制造侵权商品、伪造注册商标标识的工具，违法经营额五万元以上的，可以处违法经营额五倍以下的罚款；没有违法经营额或者违法经营额不足五万元的，可以处二十五万元以下的罚款。对五年内实施两次以上商标侵权行为或者有其他严重情节的，应当从重处罚。销售不知道是侵犯注册商标专用权的商品，能证明该商品是自己合法取得并说明提供者的，由工商行政管理部门责令停止销售。

（3）《著作权法》第四十八条规定：有相关侵权行为的，应当根据情况，承担停止侵害、消除影响、赔礼道歉、赔偿损失等民事责任；同时损害公共利益的，可以由著作权行政管理部门责令停止侵权行为，没收违法所得，没收、销毁侵权复制品，并可处以罚款；情节严重的，著作权行政管理部门还可以没收主要用于制作侵权复制品的材料、工具、设备等；构成犯罪的，依法追究刑事责任。

三、刑事责任

《刑法》分则第三章破坏社会主义市场经济秩序罪第七节中专门规定了侵犯知识产权罪，共设以下八个罪名。

第二百一十三条【假冒注册商标罪】未经注册商标所有人许可，在同一种商品上使用与其注册商标相同的商标，情节严重的，处三年以下有期徒刑或者拘役，并处或者单处罚金；情节特别严重的，处三年以上七年以下有期徒刑，并处罚金。

第二百一十四条【销售假冒注册商标的商品罪】销售明知是假冒注册商标的商品，销售金额数额较大的，处三年以下有期徒刑或者拘役，并处或者单处罚金；销售金额数额巨大的，处三年以上七年以下有期徒刑，并处罚金。

第二百一十五条【非法制造、销售非法制造的注册商标标识罪】伪造、擅自制造他人注册商标标识或者销售伪造、擅自制造的注册商标标识，情节严重的，处三年以下有期徒刑、拘役或者管制，并处或者单处罚金；情节特别严重的，处三年以上七年以下有期徒刑，并处罚金。

第二百一十六条【假冒专利罪】假冒他人专利，情节严重的，处三年以下有期徒刑或者拘役，并处或者单处罚金。

第二百一十七条【侵犯著作权罪】以营利为目的,有下列侵犯著作权情形之一,违法所得数额较大或者有其他严重情节的,处三年以下有期徒刑或者拘役,并处或者单处罚金;违法所得数额巨大或者有其他特别严重情节的,处三年以上七年以下有期徒刑,并处罚金:

(一)未经著作权人许可,复制发行其文字作品、音乐、电影、电视、录像作品、计算机软件及其他作品的;

(二)出版他人享有专有出版权的图书的;

(三)未经录音录像制作者许可,复制发行其制作的录音录像的;

(四)制作、出售假冒他人署名的美术作品的。

第二百一十八条【销售侵权复制品罪】以营利为目的,销售明知是本法第二百一十七条规定的侵权复制品,违法所得数额巨大的,处三年以下有期徒刑或者拘役,并处或者单处罚金。

第二百一十九条【侵犯商业秘密罪】有下列侵犯商业秘密行为之一,给商业秘密的权利人造成重大损失的,处三年以下有期徒刑或者拘役,并处或者单处罚金;造成特别严重后果的,处三年以上七年以下有期徒刑,并处罚金:

(一)以盗窃、利诱、胁迫或者其他不正当手段获取权利人的商业秘密的;

(二)披露、使用或者允许他人使用以前项手段获取的权利人的商业秘密的;

(三)违反约定或者违反权利人有关保守商业秘密的要求,披露、使用或者允许他人使用其所掌握的商业秘密的。

明知或者应知前款所列之行为,获取、使用或者披露他人的商业秘密的,以侵犯商业秘密论。

本条所称商业秘密,是指不为公众所知悉,能为权利人带来经济利益,具有实用性并经权利人采取保密措施的技术信息和经营信息。

本条所称权利人,是指商业秘密的所有人和经商业秘密所有人许可的商业秘密使用人。

第二百二十条【单位犯侵犯知识产权罪的处罚规定】单位犯本节第二百一十三条至第二百一十九条规定之罪的,对单位判处罚金,并对其直接负责的主管人员和其他直接责任人员,依照本节各该条的规定处罚。

依照《专利法》和《刑法》的规定,假冒他人专利,情节严重的,应对直接责任人员追究刑事责任。

第三节 知识产权侵权的应对措施

一、非诉解决方式

1. 发警告函
对于侵权行为和后果不是很严重，涉嫌侵权企业不是太大的，权利人可以通过发警告函的形式提醒对方，要求其停止侵权。

2. 利用平台规则进行解决
权利人一旦发现自己的知识产权被他人侵权，应及时进行证据保全，固定证据。如果侵权情节轻微，可以考虑通过平台知识产权保护渠道进行在线侵权投诉，由平台方对侵权行为进行调查，一经认定构成侵权，平台将主动删除侵权产品的链接，从源头上制止侵权行为。

3. 投诉或举报
这个是提请知识产权行政管理机关依法进行处理，也就是处理知识产权纠纷或与知识产权有关的侵权行为等违法行为的活动。如权利人发现自己的商标权涉嫌被侵权，应及时向工商行政部门进行商标侵权投诉，由工商部门进行查处。构成侵权的，将由工商部门依法作出行政处罚；侵权情节严重，涉嫌犯罪的，还可以向公安机关进行举报，由公安机关立案侦查，依法追究侵权人的刑事责任。

4. 协商
协商是指双方当事人在知识产权纠纷发生后，在自愿互谅的基础上，按照有关法律的规定，通过直接的协商和谈判，自行达成和解协议，从而使纠纷得到解决的活动。

5. 调解
调解是指在知识产权纠纷发生后，经双方当事人申请，由人民法院、仲裁机构或调解人从中协调，使双方当事人在自愿协商的基础上，互作让步，达成协议，从而使纠纷得到解决的活动。我国目前已设立版权纠纷等线上快速调解机制，有利于知识产权纠纷的经济、快速解决。

6. 仲裁
仲裁是指知识产权纠纷双方当事人在自愿基础上达成协议，将纠纷提交仲裁机构审理，由仲裁机构作出对争议双方均有约束力的裁决的解决纠纷的制度。当事人可以根据仲裁裁决或调解书要求对方承担责任或履行义务,也可请求人民法院强制执行。

当前,越来越多的仲裁机构面向市场开展知识产权仲裁调解业务,国内外创新主体对通过仲裁调解方式解决知识产权纠纷的需求日趋旺盛,但知识产权仲裁调解服务还存在工作运行机制不够高效顺畅、相关机构业务重点不够突出、能力有待提升等问题。《中共中央办公厅国务院办公厅关于完善矛盾纠纷多元化解机制的意见》(中办发〔2015〕60号)及《国务院关于印发"十三五"国家知识产权保护和运用规划的通知》(国发〔2016〕86号)提出,加强行业性、专业性人民调解组织建设,完善仲裁制度,健全知识产权纠纷多元化解机制,积极构建知识产权大保护工作格局,有必要通过遴选一批机构,重点支持其加强能力建设和提高化解知识产权纠纷的水平,进而提升仲裁调解工作的社会认知度和认可度,强化知识产权保护体系建设。推动仲裁调解与其他知识产权保护途径形成有机互补、相互衔接的大保护工作格局,降低知识产权维权和保护成本,形成快速有效地定分止争的和谐市场秩序。

二、诉讼解决方式

诉讼是指人民法院在知识产权纠纷双方当事人的参与下审理和解决知识产权纠纷案件的活动。

1. 知识产权诉讼时效

最高人民法院在《关于审理专利纠纷案件适用法律问题的若干规定》中指出,侵犯专利权的诉讼时效为二年,自专利权人或者利害关系人知道或者应当知道侵权行为之日起计算。权利人超过二年起诉的,如果侵权行为在起诉时仍在继续,在该项专利权有效期内,人民法院应当判决被告停止侵权行为,侵权损害赔偿数额应当自权利人向人民法院起诉之日起向前推算二年计算。最高人民法院在《关于审理著作权民事纠纷案件适用法律若干问题的解释》和《关于审理商标民事纠纷案件适用法律若干问题的解释》中对侵权的诉讼时效适用问题也作了类似的规定。

2. 知识产权法院案件管辖规定

(1)专利侵权纠纷案件,由侵权行为地或者被告住所地人民法院管辖。

侵权行为地包括:被控侵犯发明、实用新型专利权的产品的制造、使用、许诺销售、销售、进口等行为的实施地;专利方法使用行为的实施地,依照该专利方法直接获得的产品的使用、许诺销售、销售、进口等行为的实施地；外观设计专利产品的制造、销售、进口等行为的实施地；假冒他人专利的行为实施地；上述侵权行为的侵权结果发生地。

原告仅对侵权产品制造者提起诉讼，未起诉销售者，侵权产品制造地与销售地不一致的，制造地人民法院有管辖权；以制造者与销售者为共同被告起诉的，销售地人民法院有管辖权。

销售者是制造者的分支机构，原告在销售地起诉侵权产品制造者制造、销售行为的，销售地人民法院有管辖权。

（2）著作权侵权纠纷案件、商标权侵权纠纷案件，由侵权行为的实施地、侵权复制品储藏地或者查封扣押地、被告住所地人民法院管辖。

侵权复制品储藏地，是指大量或者经常性储存、隐匿侵权复制品所在地；查封扣押地，是指海关、版权、工商等行政机关依法查封、扣押侵权复制品所在地。

著作权侵权纠纷案件、商标权侵权纠纷案件，对涉及不同侵权行为实施地的多个被告提起的共同诉讼，原告可以选择其中一个被告的侵权行为实施地人民法院管辖；仅对其中某一被告提起的诉讼，该被告侵权行为实施地的人民法院有管辖权。

（3）涉及计算机网络著作权的侵权纠纷案件由侵权行为地或者被告住所地人民法院管辖。

侵权行为地包括实施被诉侵权行为的网络服务器、计算机终端等设备所在地。对难以确定侵权行为地和被告住所地的，原告发现侵权内容的计算机终端等设备所在地可以视为侵权行为地。

（4）涉及计算机网络域名的侵权纠纷案件，由侵权行为地或者被告住所地的中级人民法院管辖。

对难以确定侵权行为地和被告住所地的，原告发现该域名的计算机终端等设备所在地可以视为侵权行为地。

（5）其他知识产权侵权纠纷案件，由侵权行为地或者被告住所地人民法院管辖。

3. 知识产权诉讼取证

无论是选择何种途径来追究知识产权侵权人的法律责任，当事人都需要向有关主审机关提供相关证据，包括证明知识产权权利有效的证据（权利证据）及表明知识产权被侵害的证据（侵权证据）和有关损害赔偿的证据。

（1）权利证据。当事人所提供的权利证据通常需要证明以下几点。

① 该当事人是该权利的拥有者或其利害关系人,因此他是合法的原告或投诉人。

② 该知识产权在中国合法存在、有效且因此可被依法行使。

就商标权而言,提交该类证据的目的在于证明商标权的归属,受保护的是何种类型的商标,是否为驰名商标,从而确定该商标权的保护范围。

主要包括:a. 商标注册证(如指定颜色的须提交商标注册证的原件)及续展手续。如果是国际商标注册,则需要由国家商标局发布该国际注册在中国有效的证明。b. 驰名商标认证书。

就专利权而言,提交该证据的目的在于明确专利权的归属、权利状态、专利的有效期限,确定专利权的保护范围。

主要包括:a. 专利权证书,包括授权权利要求书、说明书及附图。该专利权如经历无效或撤销程序,且对专利文件进行了变更,则应当提交相应的行政审查决定。如果是实用新型专利,则最好还要有国家知识产权局发布的证明该实用新型具有专利性的检索报告。b. 最近一次缴纳年费的收据。c. 专利独占实施许可权人与专利权人作为共同原告一同提起侵权诉讼的,还应当提交独占实施许可合同。

(2) 侵权证据。当事人所提供的侵权证据要能够证明:被告实施了或正在实施被控侵权行为。例如,被告的促销宣传材料、被告的产品样品、被告的产品销售合同、销售发票等。

被告实施侵犯其商标权行为的证据,提交该类证据的目的在于确认被告以何种形式侵犯原告的商标权,侵权行为发生的范围等。

主要包括:被告生产的被控侵权产品及销售发票、买卖合同、视听资料等。在原告不能获得被控侵权产品时,销售被控侵权产品的发票、合同也可以作为直接证据使用。

被告实施侵犯其专利权行为的证据,提交该证据的目的在于证明被告实施了侵犯原告专利权的行为,是判令被告承担侵权民事责任的事实依据。

主要包括:a. 被告生产的被控侵权产品,即侵权行为的直接证据。b. 如因客观原因不能取得被控侵权产品,则可以先提供诸如被告在报刊上刊登的销售其产品的广告,与他人签订的买卖合同等间接证据,再以其他方式获得侵权的直接证据。c. 被控侵权产品的销售和使用者明知该产品是侵权产品而仍然进行销售和使用的证据。d. 原告就被控侵权产品与原告专利权利要求书进行的对比,说明其技术特征如何落入了原告专利的保护范围,从而构成对原告专利权的侵犯。

（3）有关损害赔偿的证据。在侵权诉讼中，原告要求被告赔偿，应当提交有关赔偿数额的计算方法。由于在几类侵犯知识产权案件中赔偿数额的计算方法均不止一种，所以在几种计算方法都可以使用的情况下，应当由原告选择最有利的计算方法，保护自身的合法利益，并据此提交相应的证据。

侵犯商标权的赔偿数额计算方法有三种。

① 为侵权人在侵权期间因侵权所获得的利益，可以根据侵权商品销售量与该商品单位利润乘积计算；该商品单位利润无法查明的，按照注册商标商品的单位利润计算。

② 被侵权人在被侵权期间因被侵权所受到的损失，包括被侵权人为制止侵权行为所支付的合理开支（含调查费和律师费），可以根据权利人因侵权所造成的商品销售减少量或者侵权商品销售量与该注册商标商品的单位利润乘积计算。

③ 由人民法院根据侵权行为的情节判决给予 50 万元以下的赔偿。人民法院在确定赔偿数额时，主要考虑侵权行为的性质、期间、后果，商标的声誉，商标使用许可费的数额，商标使用许可的种类、时间、范围及制止侵权行为的合理开支等因素综合确定。

在侵犯专利权案件中，提交该证据的目的在于以侵权事实为依据，以《专利法》及其相关法规规定的侵权法律责任承担为原则，说明原告提出赔偿经济损失具体数额的计算方法或考虑的主要因素，使法庭注意原告诉讼请求的合理性。

侵犯专利权的赔偿数额，按照权利人因被侵权所受到的损失或者侵权人因侵权所获得的利益确定；被侵权人的损失或者侵权人获得的利益难以确定的，参照该专利许可使用费的倍数合理确定。

权利人因被侵权所受到的损失可以根据专利权人的专利产品因侵权所造成销售量减少的总数乘以每件专利产品的合理利润所得之积计算。权利人销售量减少的、总数难以确定的，侵权产品在市场上销售的总数乘以每件专利产品的合理利润所得之积可以视为权利人因被侵权所受到的损失。

侵权人因侵权所获得的利益可以根据该侵权产品在市场上销售的总数乘以每件侵权产品的合理利润所得之积计算。侵权人因侵权所获得的利益一般按照侵权人的营业利润计算，对于完全以侵权为业的侵权人，可以按照销售利润计算。

被侵权人的损失或者侵权人获得的利益难以确定，有专利许可使用费可以参照的，人民法院可以根据专利权的类别、侵权人侵权的性质和情节、专利许可使用费的数额，该专利许可的性质、范围、时间等因素，参照该专利许可使用费的 1~3 倍合理确定赔偿数额；没有专利许可使用费可以参照或者专利许可使用费明显不合理的，人民法院可以根据专利权的类别、侵权人侵权的性质和情节等因素，一般在人民币 5 000 元以上 30 万元以下确定赔偿数额，最多不得超过人民币 50 万元。

（4）有关侵权人情况的证据。

侵权人确切的名称、地址、企业性质、注册资金、人员数、经营范围等情况，都是权利人必须了解的。权利人根据侵权人的具体情况，采取有针对性的策略和方案。确定诉讼或行政打假的方案，确定管辖的机关。

有时，权利人要求涉嫌侵权人停止侵权或向法院提起诉讼，并不是真的要求其停止使用权利人的知识产权，而是以此为平台，促使对方与权利人和谈或调解，进而双方达成合作意向。

4．知识产权纠纷诉讼费用

知识产权民事案件，没有争议金额或者价额的，每件交纳 500 元至 1 000 元；有争议金额或者价额的，按照财产案件的标准交纳。

财产案件根据诉讼请求的金额或者价额，按照下列比例分段累计交纳：

（1）不超过 1 万元的，每件交纳 50 元；

（2）超过 1 万元至 10 万元的部分，按照 2.5%交纳；

（3）超过 10 万元至 20 万元的部分，按照 2%交纳；

（4）超过 20 万元至 50 万元的部分，按照 1.5%交纳；

（5）超过 50 万元至 100 万元的部分，按照 1%交纳；

（6）超过 100 万元至 200 万元的部分，按照 0.9%交纳；

（7）超过 200 万元至 500 万元的部分，按照 0.8%交纳；

（8）超过 500 万元至 1 000 万元的部分，按照 0.7%交纳；

（9）超过 1 000 万元至 2 000 万元的部分，按照 0.6%交纳；

（10）超过 2 000 万元的部分，按照 0.5%交纳。

拓展训练

一、单项选择题

1. 假冒他人专利，情节严重的，处（　　）年以下有期徒刑或者拘役，并处或者单处罚金。

A. 1　　　　　　　　　　　　B. 2

C. 3　　　　　　　　　　　　D. 5

2. 侵犯专利权的诉讼时效为（　　）年，自专利权人或者利害关系人知道或者应当知道侵权行为之日起计算。

A. 1　　　　　　　　　　　　B. 2

C. 3　　　　　　　　　　　　D. 4

二、多项选择题

1. 根据《商标法》，商标侵权行为应当根据情况，依法承担（　　）等民事责任。

A. 停止侵害　　　　　　　　　B. 消除影响

C. 赔礼道歉　　　　　　　　　D. 赔偿损失

2. 知识产权侵权责任主要包括（　　）。

A. 民事责任　　　　　　　　　B. 行政责任

C. 刑事责任　　　　　　　　　D. 违约责任

三、简答题

1. 侵犯商标权的赔偿数额如何计算？
2. 简述侵犯商业秘密罪及其法律责任。

四、案例分析题

2017年2月6日，阿里巴巴决定全平台停止受理杭州网卫科技有限公司代理发起的任何投诉，并且呼吁品牌权利人中止与该公司的合作。同时，阿里巴巴平台治

理部正在考虑诉诸法律途径维护平台及商家权益。这是国内首起向恶意投诉公开宣战的案例，封杀令代表阿里巴巴正式向以"杭州网卫"为代表的恶意投诉黑色产业宣战。

据阿里巴巴平台治理部统计，目前恶意投诉已占到阿里巴巴知识产权保护平台接受投诉总量的24%。近103万商家和超600万条商品链接遭受恶意投诉，造成卖家损失达1.07亿元。而绝大部分恶意投诉，都来源于各类"知产流氓"公司。一些恶意投诉方会将非显著性名称进行商标抢注，对淘宝卖家进行侵权投诉，进行勒索。某体育用品淘宝店长期从某知名国产运动品牌总经销商处正规进货，却持续遭到"杭州网卫"知代公司投诉售假，由于"杭州网卫"拥有品牌正式知产投诉授权，此店疲于应付无休止的投诉，最终被迫关闭。阿里巴巴平台治理部通过大数据筛查，发现"杭州网卫"投诉过平台数千卖家，涉及女装、运动鞋、化妆品、家用电器等上百品牌。"杭州网卫"事实上已成为一些经销商合谋打击对手的黑色工具，更趁机勒索商家。

结合案例，分析作为跨境电商卖家，在遇到上述"知产流氓"恶意投诉时该如何应对。

第六章

跨境电商主要平台知识产权的具体保护规则

 学习目标

知识目标

- 掌握常见跨境电商平台关于知识产权保护的具体规则
- 熟悉常见跨境电商平台知识产权投诉处理流程
- 掌握知识产权侵权的应对措施

能力目标

- 准确判断知识产权侵权行为
- 明确知识产权侵权的法律后果
- 掌握解决知识产权侵权纠纷的基本技巧

素质目标

- 树立诚信守法的理念
- 强化对平台规则的重视

第六章 跨境电商主要平台知识产权的具体保护规则

导入案例

亚马逊下架中国平衡车，数百家中国商家一夜财货两空

如图 6-1 所示的产品为 2015 年几乎火遍全球的平衡车，然而就在 2015 年 12 月 12 日，亚马逊美国站将平台上销售的"电动平衡车"的 listing 全部下架了，主要原因是其涉及专利侵权问题。

图 6-1 2015 年几乎火遍全球的平衡车

从 2015 年 7 月开始，深圳大量的生产型企业从其他行业改为专门从事平衡车生产，一时间深圳生产平衡车的企业，从几十家快速发展至 600 余家，相关配件企业达到 3 000 多家，在平衡车热销时，每天仅通过盐田国际码头发往欧美国家的平衡车高达 4 万辆，在下架前的 3 个月，中国出口平衡车折合人民币约 200 亿元。

据阿里巴巴有关人士称，在阿里巴巴平台上注册的平衡车厂家应不低于 1 500 家，即使如此，仍不能满足巨大的市场需求。一切迹象都表明，平衡车行业是一个拥有巨大市场潜力的新兴行业，也被看作拉动中国 GDP 快速增长的"一匹黑马"。但是，本次亚马逊平衡车全面下架事件令这一切都戛然而止。

讨论：结合上述案例，分析外贸企业专利保护为何这么难。

第一节 阿里巴巴国际站平台知识产权规则

阿里巴巴国际站是帮助中小企业拓展国际贸易的出口营销推广服务的，它基于全球领先的企业间电子商务网站阿里巴巴国际站贸易平台，通过向海外买家展示、推广供应商的企业和产品，进而获得贸易商机和订单，是出口企业拓展国际贸易的首选网络平台之一。随着平台业务的发展，阿里巴巴国际站平台知识产权侵权数量不断上升。

图 6-2 为阿里巴巴国际站的知识产权常见违规类型。

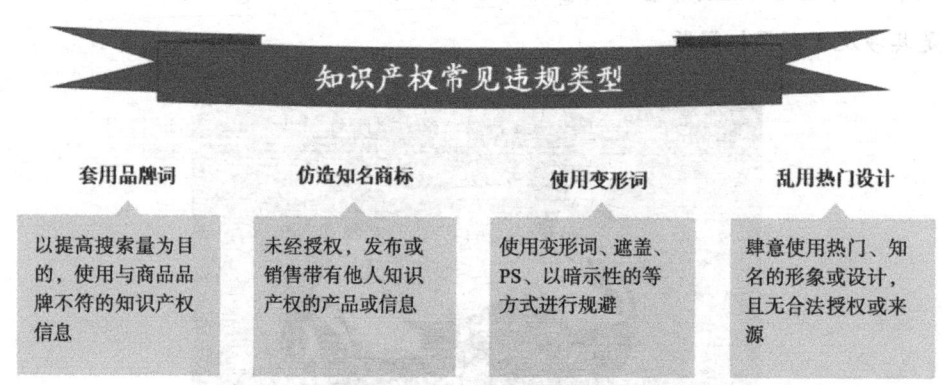

图 6-2　阿里巴巴国际站的知识产权常见违规类型

为严厉打击平台知识产权侵权，阿里巴巴制定了《阿里巴巴国际站知识产权规则》，于 2017 年 11 月 1 日生效。主要内容包括以下几个方面。

一、知识产权侵权行为

阿里巴巴国际站（以下简称"国际站"）用户不得利用网站服务从事侵犯他人知识产权的行为，包括以下两个方面。

1．一般侵权行为

（1）在所发布的商品信息、店铺或者域名中不当使用他人商标权、著作权等权利。

（2）在发布、销售商品时不当使用他人商标权、著作权等权利。

（3）所发布的商品信息或者所使用的其他信息造成用户混淆或者误认等情形。

2．严重侵权行为

（1）未经著作权人许可复制其作品并进行发布或者销售，包括图书、音像制品、计算机软件等。

（2）发布或者销售未经商品来源国注册商标权利人或者其被许可人许可生产的商品。

二、知识产权侵权行为的处罚

（1）一般侵权行为的平台处罚规则，如表6-1所示。

表6-1　一般侵权行为的平台处罚规则

侵权类型	触发原因	扣分计算方式
一般侵权行为	权利人投诉	6分/次 首次被投诉不扣分，基于同一知识产权且发生在首次被投诉后5天内的投诉算一次。第6天开始，每次被投诉扣6分，一天内若被同一知识产权多次投诉扣一次分。所有时间以投诉受理时间为准
	国际站抽样检查	每退回一次扣2分，一天内扣分不超过6分；如一般侵权行为情节严重的，每退回一次扣4分，一天内扣分不超过12分
此处所称"投诉"均指成立的投诉，即被投诉方被投诉，在规定期限内未发起反通知；或者虽发起反通知，但反通知不成立		

对应的账号积分处罚标准（除特别说明外，国际站全站的罚分累加计算），请参见《阿里巴巴国际站用户违规处罚标准》。

（2）严重侵权行为的平台处罚规则，如表6-2所示。

表6-2　严重侵权行为的平台处罚规则

侵权类型	处罚标准	处罚方式
严重侵权行为	1次	限权7天+考试（若考试未在7天内通过最长限权30天）
	2次	限权14天+考试（若考试未在14天内通过最长限权60天）
	3次	关闭账号

a. 针对国际站上的严重侵权行为实施"三振出局"制，即每次针对用户严重侵权行为的投诉记振一次；三天内如果出现多次针对同一用户的严重侵权行为投诉，记振一次，时间以第一次投诉的受理时间开始计算。若针对同一用户记振累积达三次的，则关闭该用户账号

b. 此处所称"投诉"均指成立的投诉，即被投诉方被投诉，在规定期限内未发起反通知；或者虽发起反通知，但反通知不成立

续表

c. 除被三振关闭账号外，被记振的用户须进行知识产权学习及考试。通过考试的用户可以在限权期限届满后恢复账号正常状态。具体详见考试说明

d. 严重侵权行为的记振次数按行为年累计计算，行为年是指每项严重侵权行为的处罚会被记录 365 天

e. 当情况特别显著或极端时，国际站保留对用户单方面解除会员协议或服务合同、直接关闭用户账号及国际站酌情判断与其相关联的所有账号及/或实施其他国际站认为合适措施的权利。

"情况特别显著或极端"包括但不限于：
- 用户侵权行为的情节特别严重
- 权利人针对国际站提起诉讼或法律要求
- 用户因侵权行为被权利人起诉，被司法、执法或行政机关立案处理
- 因应司法、执法或行政机关要求国际站处置账号或采取其他相关措施

三、附则

（1）国际站保留以上处理措施等的最终解释权、决定权及与之相关的一切权利。

（2）国际站有权根据法律法规的调整、经营环境的变化等因素及时地修订本规则并予以公示，修订后的规则于公示中指定日期生效。

（3）本规则为国际站发布的规则的组成部分，本规则与国际站发布的其他规则不一致的，以本规则为准，本规则未尽事宜，以国际站发布的其他规则为准。

（4）本规则如中文和非中文版本存在不一致，歧义或冲突，应以中文版为准。

第二节　全球速卖通平台知识产权规则

一、全球速卖通平台知识产权具体规则

全球速卖通平台严禁用户未经授权发布、销售涉嫌侵犯第三方知识产权的商品。若发布、销售涉嫌侵犯第三方知识产权的商品，则有可能被知识产权所有人或者买家投诉，平台也会随机对商品（包含下架商品）信息、产品组名进行抽查，若涉嫌侵权，则信息会被退回或删除，且平台将根据侵权类型执行处罚，具体内容如表 6-3 所示。

表 6-3　侵权类型、定义及处罚规则

侵权类型	定　　义	处罚规则
商标侵权	严重违规：未经注册商标权人许可，在同一种商品上使用与其注册商标相同或相似的商标	• 三次违规者关闭账号
商标侵权	一般违规：其他未经权利人许可使用他人商标的情况	• 首次违规扣 0 分 • 其后每次重复违规扣 6 分 • 累计达 48 分者关闭账号
著作权侵权	严重违规：未经著作权人许可复制其作品并进行发布或者销售，包括图书、电子书、音像作品或软件等	• 三次违规者关闭账号
著作权侵权	一般违规：其他未经权利人许可使用他人著作权的情况	• 首次违规扣 0 分 • 其后每次重复违规扣 6 分 • 累计达 48 分者关闭账号
专利侵权	外观专利、实用新型专利、发明专利的侵权情况 （一般违规或严重违规的判定视个案而定）	• 首次违规扣 0 分 • 其后每次重复违规扣 6 分 • 累计达 48 分者关闭账号 （严重违规情况，三次违规者关闭账号）

二、备注条款

（1）速卖通平台会按照侵权商品投诉被受理或平台抽样检查时的状态，根据相关规定对相关卖家实施适用处罚。

（2）同一天内所有一般违规，包括所有投诉成立（被投诉方被某一知识产权投诉，在规定期限内未发起反通知；或虽发起反通知，但反通知不成立）及速卖通平台抽样检查，扣分累计不超过 6 分。

（3）同三天内所有严重违规，包括所有投诉成立（被投诉方被某一知识产权投诉，在规定期限内未发起反通知；或虽发起反通知，但反通知不成立）及速卖通平台抽样检查，只会作一次违规计算；三次严重违规者关闭账号，严重违规次数记录累计不区分侵权类型。

（4）违规处罚包括但不限于退回商品/信息及/或删除商品/信息。

（5）每项违规行为由处罚之日起有效期为 365 天。

（6）当用户侵权情节特别显著或极端时，速卖通有权对用户单方面采取解除速卖通商户服务协议及免费会员资格协议、直接关闭用户账号及速卖通酌情判断与其相关联的所有账号及/或采取其他为保护消费者或权利人的合法权益或平台正常的经营秩序，由速卖通酌情判断认为适当的措施。该情况下，速卖通除直接关闭账号外，还有权在关闭账号之日起，冻结用户关联国际支付宝账户资金及速卖通账户资金，其中依据包括为确保消费者或权利人在行使投诉、举报、诉讼等救济权利时，其合法权益得以保障。

（7）速卖通保留以上处理措施等的最终解释权及决定权，也会保留与之相关的一切权利。

（8）本规则如中文和非中文版本存在不一致、歧义或冲突，应以中文版为准。

以上规则所称"侵权情节特别显著或极端"包括但不限于以下几种情况：

① 用户侵权行为的情节特别严重；

② 权利人针对速卖通提起诉讼或法律要求；

③ 用户因侵权行为被权利人起诉，被司法、执法或行政机关立案处理；

④ 因应司法、执法或行政机关要求速卖通处置账号或采取其他相关措施；

⑤ 构成严重侵权的其他情形（如以错放类目、使用变形词、遮盖商标、引流等手段规避）。

速卖通保留最终解释和决定权利。

第三节 Wish 平台知识产权规则

Wish 对伪造品和侵犯知识产权的行为制定了严格的零容忍政策。

如果 Wish 单方面认定商户在销售伪造产品，商户同意不限制 Wish 在本协议中的权利或法律权利，Wish 可以单方面暂停或终止商户的销售权限或扣留或罚没本应支付给商户的款项。

一、平台规定的禁止行为

1. 严禁出售伪造产品

严禁销售模仿或影射其他方知识产权的产品。如果商户推出伪造产品进行出售，这些产品将被清除,并且其账户将面临罚款,还可能被暂停。

2. 严禁销售侵犯另一个实体的知识产权的产品

产品图像和文本不得侵犯其他方的知识产权。这包括但不限于著作权、商标权和专利权。如果商户列出侵犯其他方知识产权的产品,这些商品将被清除,并且其账户将面临罚款,还可能被暂停。

3. 商户有责任提供产品的销售授权证据

如果产品是伪造的或侵犯了知识产权,商户有责任提供销售产品的授权证据。

4. 严禁提供不准确或误导性的销售授权证据

如果商户对销售的产品提供错误或误导性的授权证据,其账户将被暂停。

二、平台规定的处罚标准

1. 对伪造品或侵犯知识产权的产品处以罚款

审核所有产品是否属于伪造品,是否侵犯了知识产权。如果发现某款产品违反了 Wish 的政策,平台就会将其删除并扣留所有付款。商家每个仿品可能被罚款 1 美元。

2. 对已审批产品处以伪造品罚款

在商户更改产品名称、产品描述或产品图片后,经过审批的产品也要再次审核,看其是否为伪造品或是否侵犯了知识产权。在产品复审期间,产品正常销售。如果在编辑后发现某款产品违反了 Wish 的政策,商户可能被处以 100 美元的罚款。此产品将被删除,且所有付款将被扣留。

第四节 亚马逊平台知识产权规则

根据亚马逊《侵犯知识产权》规则(2017 年版),亚马逊卖家须维护四类知识产权:著作权(copyright)、商标权(trademark)、发明专利权(utility patent)和设计专利权(design patent)。亚马逊卖家如果不想账号被封停,就需要避免非法制造、剽窃、销售仿品和假货等行为。

一、亚马逊平台禁售商品主要类别

1. 侵犯他人商标权的商品

亚马逊禁止发布侵犯他人商标权的商品和商品信息,卖家必须先获取商标权人的适当许可才能使用其商标。

2. 侵犯他人著作权的商品

著作权用于保护原创作品(如图书、音乐、艺术品或照片)。亚马逊禁止发布侵犯他人著作权的内容。卖家必须在获取他人的适当许可后才能使用其著作权。

3. 侵犯他人专利权的商品

作为卖家,有责任确保所销售的商品未侵犯他人的专利权。专利权是政府授予所有者的一种产权,该权利禁止其他人在颁发专利的国家或地区内制造、使用、引进、供售或销售专利中声明的权利内容。

4. 未授权及无证商品

所有在亚马逊上供售的商品必须是经商业化生产,经授权或被批准作为零售商品出售的商品,未授权及无证商品禁止在平台上销售。

5. 翻版媒介类商品

平台禁止非法出售未经权利人许可而再复制、配音、汇编或转换的翻版媒介类商品(包括图书、电影、CD、电视节目、软件、视频游戏等)。

6. 经格式转换的媒介类商品

平台禁止将媒介类商品从一种格式转换为另一种格式后进行销售。这包括但不限于:从 NTSC 制式转换为 Pal 制式、从 Pal 制式转换为 NTSC 制式、镭射光盘转换为视频、电视节目转换为视频、CD-ROM 转换为磁带,以及从网络转换为任何数字式等。

7. 促销媒介类商品

平台禁止销售媒介类商品的促销版,包括图书(试读副本和未校对样稿)、音乐和视频(试看录像)。这些产品仅用于推广目的,一般不授权零售分销或销售。

二、亚马逊平台知识产权侵权行为的处罚

亚马逊平台对出售假货的行为是零容忍的,在亚马逊销售的产品必须是正品,如果亚马逊发现卖家销售假冒产品,无须相关权利人投诉,亚马逊会直接下架产品

并移除卖家销售权。销售权被移出后，卖家可向亚马逊申诉，亚马逊一般会要求提交发票、授权书等文件，确保是正品后才可以恢复上架。如果亚马逊系统没有发现，只要收到相关权利人投诉，亚马逊会在24小时下架产品甚至会封停账号，但卖家可以申诉。

如果卖家侵犯他人的知识产权，则可能被平台删除相关商品信息，或者中止或取消销售权限。卖家有责任确保他们提供的商品合法，且自身已获得相关的销售或转售授权。如果亚马逊认为商品详情页面或商品信息的内容属于违禁、涉嫌违法或不当内容，则可能予以删除或修改，恕不事先通知。亚马逊保留判定内容是否恰当的权利。亚马逊遵守《数字千年版权法》的通知移除流程，并将中止一再侵犯他人知识产权的卖家的销售权限。

第五节 eBay 平台知识产权规则

eBay 一向致力于保护第三方知识产权，并且为会员提供安全的交易场所。非法使用他人的知识产权是违法并违反 eBay 政策的。例如，未经授权而使用有版权的资料和商标或销售赝品。eBay 平台规则的把控是非常严格的，最轻会发送警告信给商户，下架商户的 listing，严重的会冻结或者限制商户的账户和店铺，这些举动都会导致经营成本上升，降低商户的商品曝光率，甚至会取消卖家资格并追究相应的法律责任。下面重点介绍平台知识产权违规规则。

一、复制品、赝品和未经授权的复制品政策

在 eBay 进行刊登的含有公司名称、商标、品牌的物品必须是由本公司自行生产制造的官方正品。eBay 绝不允许销售任何伪造物品、赝品、复制品，或未经授权的复制版本。未经授权的复制版本包括备份、私售、复制、盗版等均是违法的，会侵害其他人的知识产权。

请特别注意，以下物品可能涉及侵犯第三方知识产权或其他所有权问题，因而 eBay 限制或禁止以下物品的刊登。

（1）复制品、赝品和未经授权的复制品。

（2）学术软件、测试版软件、OEM 软件等相关物品。

（3）名人产权物品，包括肖像、照片、姓名、签名及亲笔签名。

（4）特定品牌的配饰、包装、保证书等其他未与该品牌产品一起出售的物品。

（5）媒体类物品，包括数字化产品、电影胶片（35mm，70mm）、盗版唱片、宣传品及可录制产品等。

（6）私制盗版录像或录音。

（7）可制作非法复制品的设备，包括可让会员复制版权产品的软件或硬件、芯片、游戏改装设置和启动盘。

二、刊登物品时描述物品的规则

在对所售物品进行描述时，以下行为涉及侵犯第三方知识产权。

（1）未经授权而使用来自其他 eBay 用户的物品描述或图片。

（2）未经授权而使用来自厂商或其他互联网图片。

（3）不当使用 eBay 所有的知识产权，包括使用 eBay 的名称、图标，或链接到 eBay 网站的链接。

（4）在刊登信息中包含"真品免责声明"，或者拒绝对刊登的物品负责。

（5）怂恿或促使他人侵犯第三方著作权、商标权或其他知识产权。

eBay 用户不能使用他人创建的文字或图片内容——包括照片及其他图片，除非得到文字及图片所有者、代理或相关法律的授权。用户可在物品描述中使用 eBay 产品目录中提供的图片和文字描述，产品目录可能包括部分来自卖家物品的由卖家制作的图片或照片。如果用户选择不使用 eBay 产品目录中的图片或产品描述，保证用户遵守政策的好办法就是拍摄自己的照片和撰写自己的物品描述。

三、举报用户违反知识产权保护条款

（1）如果认为自己有合理的理由举报他人使用自己的图片或文字，请联系 eBay 进行举报。

（2）如果是知识产权所有者，也可以选择向 Verified eBay Rights Owner（VeRO）举报。

（3）如果不是图片或文字的原始制作者，可考虑直接联系版权所有者进行举报。

在举报时，请参照以下标准：

① 确保自己是图片或文字的原始所有者和制作者；

② 如果举报文本，被复制的文本应在物品描述中。由于描述物品的标题和副标

题空间有限，相同商品可能比较类似，因此 eBay 一般不会删除标题、副标题类似的物品；

③ 提供你账号中的物品编号，它可以明确显示你是第一个使用所创建的图片或文字来刊登物品的。如果在很多物品中重复使用自己的图片和文字，请尽可能提供最早使用这些图片和文字时的物品编号。

第六节 敦煌网平台知识产权规则

敦煌网尊重他人的知识产权，如卖家发布含有他人知识产权的产品或信息，应取得权利人的许可，或者属于法律法规允许发布的情形。未经授权请勿发布、销售涉及侵犯他人知识产权权利的产品或信息。敦煌网《知识产权违规处罚》第六条对知识产权违规行为进行了明确的规定。

一、知识产权违规行为主要表现

1. 侵犯专利权

侵犯专利权是指以营利为目的，没有得到专利权人的许可，实施其专利的行为。

侵犯专利权的行为可分为假冒他人专利；以非专利产品冒充专利产品、以非专利方法冒充专利方法两种。其中假冒他人专利的行为，包括但不限于以下情况。

（1）在其制造或者销售的产品、产品的包装上标注他人的专利号。

（2）在广告或者其他宣传材料中使用他人的专利号，使人将所涉及的技术误认为是他人的专利技术。

（3）在合同中使用他人的专利号，使人将合同涉及的技术误认为是他人的专利技术。

（4）伪造或者变造他人的专利证书、专利文件或者专利申请文件。

2. 侵犯商标权

侵犯商标权是指以营利为目的，未经权利人许可，侵犯他人注册商标专用权的行为。侵犯商标权的行为，包括但不限于以下情况。

（1）未经注册商标所有人的许可，在同种商品或者类似商品上使用与其注册商标相近或者近似的商标的。

（2）销售明知是假冒注册商标的商品的。

（3）伪造、擅自制造他人注册商标标识或者销售伪造、擅自制造的注册商标标识的。

（4）故意为侵犯注册商标专用权的行为提供便利条件的。

（5）给他人注册商标专用权造成其他损害的。

3．侵犯著作权

侵犯著作权是指以营利为目的，未经著作权人许可，侵犯他人的著作权，违法所得数额较大或者有其他严重情节的行为。侵犯著作权的行为，包括但不限于以下情况。

（1）未经著作权人许可，发表其作品的。

（2）剽窃他人作品的。

（3）使用他人作品，应当支付报酬而未支付的。

（4）未经电影作品和以类似摄制电影的方法创作的作品、计算机软件、录音录像制品的著作权人或者与著作权有关的权利人许可，出租其作品或者录音录像制品的。

（5）未经出版者许可，使用其出版的图书、期刊的版式设计的。

二、知识产权违规行为的处罚

敦煌网《知识产权违规处罚》第七条对违规行为和相应的处罚规则作出了明确的规定，如表6-4所示。

表6-4 违规行为和相应的处罚规则

违规行为	违规次数	账户处罚	产品处罚
发布侵权产品（第三方投诉）	第1次违规	警告	一经核实产品冻结
	第2次违规	黄牌	
	第3次违规	限制类目经营7天	
	第4次违规	关闭账户	
发布侵权产品	第1次违规	警告	
	第2次违规	期限冻结7天	
	第3次违规	期限冻结30天	
	第4次违规	关闭账户	

此外，针对多次发生侵权违规行为或违规情节严重的卖家，平台有权直接进行关闭账户的处罚。每条违规处罚记录自处罚之日起有效期为1年；卖家账户在3个自然日内被同一知识产权人投诉多次或多个产品均计为1次有效投诉。

三、知识产权违规处罚责任

敦煌网《知识产权违规处罚》第八条对违规处罚责任进行了说明，主要包括以下几种。

（1）对于由于侵犯知识产权行为，给敦煌网造成经济、法律及声誉损失的，敦煌网有追究相关损失及法律责任的权利。

（2）对于因卖家售卖侵权品、禁销品等行为引起的品牌商、信用卡组织及其他国际权益组织等第三方投诉的，若最终导致品牌商、信用卡组织或其他国际权益组织的罚款，此笔罚款应由卖家自行承担。敦煌网有权从卖家资金账户代为扣除相应罚款。若资金账户余额不足以支付相应罚款，则敦煌网有权保留处理卖家账号及诉诸法律的权利。

（3）敦煌网尊重他人的知识产权，如果想要销售他人的品牌产品，请将相关知识产权证明发送到授权邮箱 shouquan@dhgate.com 进行备案。

拓展训练

一、单项选择题

1. 根据敦煌网《知识产权违规处罚》规则，如果卖家发布侵权产品被第三方投诉，平台调查属实，系第二次违规，应给予（　　）处罚。

A．警告　　　　　　　　　　B．罚款
C．黄牌　　　　　　　　　　D．关闭账户

2. 阿里巴巴国际站针对知识产权严重侵权行为实施"三振出局"制，若针对同一用户记振累积达（　　）次的，则关闭该用户账号。

A．1　　　　　　　　　　　B．2
C．3　　　　　　　　　　　D．4

二、多项选择题

1. 以下属于侵犯著作权行为的，主要有（　　）。
   A．未经著作权人许可，发表其作品的
   B．剽窃他人作品的
   C．使用他人作品，应当支付报酬而未支付的
   D．未经电影作品和以类似摄制电影的方法创作的作品、计算机软件、录音录像制品的著作权人或者与著作权有关的权利人许可，出租其作品或者录音录像制品的

2. 跨境电商平台对于知识产权侵权常用的处罚方法有（　　）。
   A．扣分　　　　　　　　　　　B．警告
   C．罚款　　　　　　　　　　　D．关闭店铺

三、简答题

1. 阿里巴巴国际站规定的知识产权一般侵权行为有哪些？
2. 速卖通平台主要有哪些知识产权侵权类型及处罚标准？

四、案例分析题

博柏利（BURBERRY）是极具英国传统风格的奢侈品牌，其多层次的产品系列满足了不同年龄和性别消费者需求，公司采用零售、批发和授权许可等方式使其知名度享誉全球。BURBERRY 的招牌格子图案是 BURBERRY 家族身份和地位的象征。

知识产权内容：BURBERRY

权利人：BURBERRY LIMITED

知识产权类型：商标权

主要涉及行业：服装配饰、母婴、箱包等

除了文字商标，该品牌包含还图形商标，如图 6-3 所示。

BURBERRY 作为一个国际知名品牌，非法使用其商标的行为在速卖通平台也时有发生，如图 6-4 所示的产品就是速卖通平台查获的侵犯 BURBERRY 商标权的案例。从图中可见，无论是在产品，以及产品标题、属性、描述中均有出现该商标的情况。

图 6-3　BURBERRY 已注册商标图样

图 6-4　侵犯 BURBERRY 商标权的部分商品

结合上述案例,根据速卖通知识产权保护规则,分析下列问题:

(1)速卖通平台对该侵权行为将如何处罚?

(2)如果你是 BURBERRY 公司的法务总监,为防止此类事件的发生,应采取何种应对措施?

第七章

知识产权国际保护制度

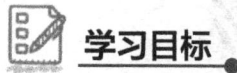 **学习目标**

知识目标

- 掌握知识产权国际保护的基本概况
- 掌握知识产权国际保护的基本原则
- 掌握知识产权国际保护方面主要的国际组织
- 掌握知识产权国际保护方面重要的国际公约

能力目标

- 熟练运用知识产权保护国际规则进行知识产权开发、运营与管理
- 准确开展知识产权海外布局

素质目标

- 扩大知识产权国际化视野
- 提高知识产权国际化风险防范意识

导入案例

2018年3月6日，电子元件商 Fraen Corporation（下称弗雷恩公司）向美国国际贸易委员会提交了"337调查"申请，指控浩洋公司等6家中国企业出口的LED舞台灯侵犯其两项专利权（专利号分别为：US.9772499及US.9411083），请求美国国际贸易委员会发布普遍排除令或有限排除令和禁止令，包括排除侵权LED照明设备及其组件进入美国市场；在60天复审期内对侵权LED照明装置及其组件的进口施加保证措施等。

"一旦通过这次'337调查'的禁令，不仅是浩洋公司会受影响，整个行业都将遭遇关税处罚，甚至产品禁止出口到美国。"浩洋公司董事长蒋伟楷在接受采访时表示，为了有效地应对诉讼，在商务部、行业协会等指导和帮助下，浩洋公司迅速成立了联合应对小组，涵盖法务、专利、技术、市场人员，第一时间对相关专利与产品进行了深入分析，也快速地检索与查找了行业内同类型产品的相关专利，形成了非常具体、有效的分析报告。在与律师深入沟通后，对起诉方的专利与诉求提出了100多个质疑点，使得对方申请延迟答复，并在法律抗辩中成功地向美国国际贸易委员会证明了其独立研发、产品不侵权、在先使用相关技术等事实。最终，浩洋公司在没有签署任何协议的情况下，使弗雷恩公司单方面提交了无条件终止对浩洋公司进行调查的动议。

2018年7月12日，美国国际贸易委员会行政法官初裁同意弗雷恩公司对应诉企业终止调查动议。最终，美国国际贸易委员会发布终裁公告，终止对中国LED舞台灯应诉企业的"337调查"。有业内人士表示，一般而言，在"337调查"案开始后，原告因为种种原因主动提出撤销"337调查"的案件并不多见，而在原告没有撤案的情况下只对一家被告无条件终止"337调查"的情况更为罕见。

讨论：结合上述案例，分析浩洋公司能够取胜的主要原因。

第一节 知识产权国际保护制度概述

一、知识产权国际保护制度

知识产权国际保护制度是指以多边国际公约为基本形式，以政府间国际组织为协调机构，通过对各国国内知识产权法律进行协调并形成的相对统一的国际法律制度。

知识产权国际保护制度兴起于19世纪80年代，现已成为国际经济、文化、科技、贸易领域中的一种法律秩序。它以《保护工业产权巴黎公约》《保护文学和艺术作品伯尔尼公约》《与贸易有关的知识产权协定》等代表性的国际公约为基本形式，以世界知识产权组织、世界贸易组织等相关国际组织为协调机构，对各国知识产权制度进行协调，从而在知识产权保护领域形成国际性的法律规则与秩序。知识产权国际保护制度的形成，标志着知识产权立法步入一个新的历史阶段，即各国独自产生的知识产权制度，在知识产权国际保护的框架下，逐渐走上一体化、国际化的道路。

知识产权国际保护制度与世界知识产权组织等国际组织的建立密切相关，世界知识产权组织、世界贸易组织等在建立和管理国际公约方面作出了贡献。

二、知识产权国际保护的原则

目前，国际社会公认的知识产权国际保护的原则主要包括国民待遇原则、最惠国待遇原则、透明度原则、独立保护原则、自动保护原则、优先权原则。

1. 国民待遇原则

国民待遇原则是指在知识产权的保护上，各缔约方的法律必须给予其他缔约方的国民以与本国或地区国民同样的待遇。如果是非成员的国民，在符合一定条件后也可享受国民待遇。国民待遇原则是由《保护工业产权巴黎公约》首先提出的。

2. 最惠国待遇原则

最惠国待遇原则是指缔约方在知识产权保护方面给予某缔约方或非缔约方的利益、优待、特权或豁免，应立即无条件地给予其他缔约方。该原则是由《与贸易有关的知识产权协定》将其引进到知识产权保护领域。与国民待遇原则不同，国民待遇原则所解决的问题是在知识产权保护领域中平等对待本国国民和缔约方国民；而最惠国待遇所要解决的问题是平等对待各缔约方国民,不得使一个缔约方国民或非缔约方国民在其本国享有的待遇优于其他缔约方国民。

3. 透明度原则

透明度原则也是世界贸易组织的基本原则之一,其含义为各成员方在对外贸易管理方面要增强透明度,要公布有普遍适用性质的法律法规、贸易协定、司法裁判及行政决定,除非有关信息和资料的披露有损于法律的实施、公共利益或当事人正当的商业利益。

4. 独立保护原则

独立保护原则是指对于知识产权的保护,各个缔约方之间互不影响,一国对某项智力成果是否给予保护不取决于其他缔约方是否保护,也不以其他缔约方是否给予保护为前提,只要符合其本国法规定的条件就应当给予保护,或者拒绝给予保护。独立保护原则意味着,知识产权在某成员国产生、被宣告无效或终止,并不必然导致该知识产权在其他成员国也产生、被宣告无效或终止。

5. 自动保护原则

自动保护原则是在《保护文学和艺术作品伯尔尼公约》中提出的,仅适用于著作权的保护。自动保护原则是指作者在享有及行使该成员国国民所享有的著作权时,不需要履行任何手续,只要完成作品的创造即取得著作权。

6. 优先权原则

优先权原则是指在一个缔约方提出发明专利、实用新型、外观设计或商标注册申请的申请人,又在规定期限内就同样的注册申请再向其他缔约方提出同样内容的申请的,可以享有申请日期优先的权利。即可以把向某缔约方第一次申请的日期,视为向其他缔约方实际申请的日期。享有优先权的期限限制视不同的工业产权而定,发明和实用新型为向某缔约方第一次申请之日起12个月,外观设计和商标为6个月。优先权是《保护工业产权巴黎公约》授予缔约方国民最重要的权利之一,《与贸易有关的知识产权》协定给予了肯定。

第二节 世界知识产权组织及其管理的国际公约

一、世界知识产权组织简介

世界知识产权组织（World Intellectual Property Organization，WIPO），联合国保护知识产权的一个专门机构，根据《建立世界知识产权组织公约》而设立。

1967年7月14日，"国际保护工业产权联盟"和"国际保护文学艺术作品联盟"的51个缔约方在斯德哥尔摩共同缔约（1970年4月26日生效）建立的世界性的知识产权保护组织，1974年12月17日成为联合国的一个专门机构，其宗旨是：通过国际合作，促进全世界对知识产权的保护；保证各知识产权联盟间的行政合作。

知识产权主要分为工业产权（包括发明专利、实用新型、商标、工业品外观设计权等）和版权（包括文学艺术、音乐、摄影和电影等作品权）。组织机构有：大会、成员国会议、协调委员会、国际局。总部设在日内瓦，中国于1980年6月加入该组织。截至2019年4月，世界知识产权组织已有192个成员国。

世界知识产权组织的前身是根据1883年的《保护工业产权巴黎公约》和1886年的《保护文学和艺术作品伯尔尼公约》产生的国际保护工业产权联盟和国际保护文学艺术作品联盟合并而成的国际保护知识产权联合局。世界知识产权组织的成员国资格是：凡是国际保护工业产权联盟、国际保护文学艺术作品联盟、保护作物新品种联盟、专利合作条约、商标注册条约、关于国际专利分类的斯特拉斯堡协定及印刷字体保护及其国际保存的维也纳协定的成员国，联合国成员国，联合国专门机构或国际原子能机构成员国，国际法院规约的当事国，世界知识产权组织大会邀请参加其公约的国家，都可以参加世界知识产权组织。

世界知识产权组织的职能是：鼓励签订国际协定及协调各国立法，以促进世界对知识产权的保护，向发展中国家提供有关的法律及技术援助；收集和传播技术情报；办理成员国之间的国际注册及其他合作业务；受各国际知识产权联盟的委派，管理各联盟的行政事宜或执行有关条约等。世界知识产权组织制订了与工业产权有关的发展合作长期方案，以鼓励发展中国家为加强其技术能力而进行的创造发明和革新。同时，它还制订了一个与知识产权相关的发展合作长期方案，以鼓励发展中国家的文学、科学和艺术创作，促进这些创作的发行。1972年在维也纳成立的国际专利证件中心，将每年为数约100万件的专利文件的主要编目资料储存到计算机内，以供专利局、工业、研究试制机构检索。知识产权组织帮助该中心与各国的专利局联系,并与使用这种资料和使用载于专利文件的技术情报的人取得联系。组织机构：大会（最高权力机构,每两年举行一次）、成员国会议（与大会同时举行）、协调委员会（大会和成员国会议的咨询机构与执行机构）、国际局（该组织与各联盟的秘书处）。设总干事,由大会根据协调委员会提名任命,任期6年。总部设在瑞士日内瓦,在纽约联合国大厦设有联络处。中国是协调委员会、预算委员会、大楼基建委员会、工业产权发展合作常设委员会以及工业产权情报常设委员会成员。1992年7月10日和30日,中国分别正式加入《保护文学和艺术作品伯尔尼公约》和《世界版权公约》。

二、《建立世界知识产权组织公约》

《建立世界知识产权组织公约》于1967年7月14日在斯德哥尔摩签署,1970年生效,目前有192个缔约成员国（1980年6月3日中国成为该公约成员国）。1974年12月,该组织成为联合国的一个专门机构,总部设在日内瓦。按照公约第五条成员资格的规定,任何保护知识产权的同盟成员国,以及虽未参加任何同盟,但只要是联合国的成员国,或受到了世界知识产权组织成员会议邀请的国家,均可成为该组织的成员国。

公约对知识产权所下的定义是：关于文学、艺术和科学作品的权利；关于表演家的演出、录音和广播的权利；关于人们在一切领域的发明的权利；关于科学发现的权利；关于工业设计的权利；关于商标、服务商标、厂商名称和标记的权利；关于制止不正当竞争的权利；以及在工业、科学、文学或艺术领域里的一切来自知识活动的权利。公约的实质性条款规定了建立世界知识产权组织的各项问题,包括该组织的宗旨、职权、组织机构、总部及财务问题。

该公约的宗旨是通过建立世界知识产权组织加强各国间的合作,并且与其他国际组织进行协作,以促进在世界范围内保护知识产权,同时保证各知识产权同盟间的行政合作。

根据公约,该组织的主要任务和职权包括以下几个方面。

（1）在促进全世界对知识产权的保护方面,鼓励缔结新的国际条约,协调各国的立法,给予发展中国家以法律、技术援助,搜集并传播情报,以及办理国际注册或成员国间的其他行政合作事宜。

（2）在各知识产权同盟的行政合作方面,该组织将各同盟的行政工作集中于日内瓦国际局。该组织已成为知识产权方面的十几个同盟的行政执行机构。

（3）对发展中国家就技术转让、立法等方面进行援助。

三、世界知识产权组织管理的主要国际公约

世界知识产权组织宣布其管理着 26 个国际公约（其中包括《建立世界知识产权组织公约》）。除《建立世界知识产权组织公约》之外，这些公约按其作用又分为三类：

第一类是关于各类知识产权具体保护标准的条约，共 15 个；

第二类是关于知识产权国际注册管理的条约，共 6 个；

第三类是关于对发明专利、商标、工业品外观设计予以分类的条约，共 4 个。

下面分别介绍。

1. 第一类条约（以条约通过日期排列）

（1）《保护工业产权巴黎公约》（Paris Convention for the Protection of Industrial Property），简称《巴黎公约》，于 1883 年 3 月 20 日在巴黎签订，1884 年 7 月 7 日生效。《巴黎公约》的调整对象即保护范围是工业产权，包括发明专利权、实用新型、工业品外观设计、商标权、服务标记、厂商名称、货物标记或原产地名称及制止不正当竞争等。《巴黎公约》的基本目的是保证一成员国的工业产权在所有其他成员国都得到保护，该公约与《保护文学和艺术作品伯尔尼公约》一起构成了全世界范围内保护经济"硬实力"和文化"软实力"的两个"基本法"。1985 年 3 月 19 日，中国成为该公约成员国，是该联盟第 96 个成员国。

《巴黎公约》自 1883 年签订以来，已经进行了多次修订，现行的是 1980 年 2 月在日内瓦修订的文本。共 30 条，分为 3 组，第 1~12 条为实质性条款，第 13~17 条为行政性条款，第 18~30 条是关于成员国的加入、批准、退出及接纳新成员国等内容，称为"最后条款"。

由于各成员国间的利益矛盾和立法差别，《巴黎公约》没能制定统一的工业产权法，而是以各成员国国内立法为基础进行保护，因此它没有排除专利权效力的地域性。公约在尊重各成员国的国内立法的同时，规定了各成员国必须共同遵守的几个基本原则，以协调各成员国的立法，使之与公约的规定相一致。

（2）《保护文学和艺术作品伯尔尼公约》（Berne Convention for the Protection of Literary and Artistic Works），简称《伯尔尼公约》，是关于著作权保护的国际条约，

1886年9月9日制定于瑞士伯尔尼。截至2019年7月4日,随着所罗门群岛的加入,该公约缔约方达到177个,1992年10月15日中国成为该公约成员国。公约为作者、音乐家、诗人以及画家等创作者提供了控制其作品依什么条件由谁使用的手段。

《伯尔尼公约》的产生,标志着国际版权保护体系的初步形成。美国也派代表参加了1886年的大会。但因当时美国的出版业远不如英法等欧洲国家发达,参加公约对美国不利,所以美国代表便以该条约的许多条款与美国版权法有矛盾,得不到美国国会的批准为借口,拒绝在公约上签字。直到1989年3月1日,美国才参加伯尔尼联盟,成为第80个成员国。

现行的《伯尔尼公约》的核心是规定了每个缔约方都应自动保护在伯尔尼联盟所属的其他各国中首先出版的作品和保护其作者是上述其他各国的公民或居民的未出版的作品。

《伯尔尼公约》从结构上分正文和附件两部分,从内容上分实质性条款和组织管理性条款两部分。正文共38条,其中前21条和附件为实质性条款,正文后17条为组织管理性条款。该公约的规定比较具体、详细,规定作品享有版权不依赖于任何手续(如注册登记、缴纳样本等),保护期也比较长。

《伯尔尼公约》附件为关于发展中国家的特别条款,它规定,发展中国家出于教育和科学研究的需要,可以在《伯尔尼公约》规定的限制范围内,按照规定的程序,发放翻译或复制有版权作品的强制许可证。这是在1971年修订《伯尔尼公约》时因发展中国家强烈要求而增加的。

(3)《制止商品来源虚假或欺骗性标记马德里协定》(*Madrid Agreement for the Repression of False or Deceptive Indications of Source on Goods*),简称《(产地标记)马德里协定》,是《巴黎公约》的专门协定之一。1891年4月14日在西班牙马德里签订,并分别于1911年6月2日在华盛顿、1925年11月6日在海牙、1934年6月2日在伦敦、1958年10月31日在里斯本修订,1967年7月14日在斯德哥尔摩签订附加议定书。协定由世界知识产权组织管理,并且向所有参加《巴黎公约》的国家开放。

协定分为两部分,第一部分共6条,为实质性条款;第二部分共7条,为程序性条款。协定规定,缔约方对凡带有有关来源伪造或欺骗性标记的、直接或间接以本协定参加国之一或该国的一个地方为来源国或来源地的商品,应在进口时予以没收或禁止进口。缔约方还保证禁止把带有欺骗公众的宣传性产品来源标记使用在招牌、广告、发货单、葡萄酒目录、商业公函及文件等上面。扣押须应海关当局提议进行。

（4）《保护表演者、录音制品制作者和广播组织罗马公约》（*Rome Convention for the Protection of Performers, Producers of Phonograms and Broadcasting Organizations*），简称《罗马公约》。该公约是国际劳工组织、联合国教科文组织和伯尔尼联盟联合发起并于1961年10月26日在罗马缔结的第一个国际邻接权公约。其目的是在不损害原作者利益的前提下，对智力作品的表演者、录音制品制作者和广播组织予以国际范围的保护。

公约全文共34条。主要内容有：表演者、录音制品制作者和广播组织有权允许和禁止他人录制、复制和转播其表演、唱片（包括录音制品）和广播节目，并且有权向作品使用者收取合理报酬，保护期限至少20年等。1964年5月18日生效，与《唱片公约》《卫星公约》同为保护邻接权的三个国际公约。《罗马公约》确保对表演者的表演、录音制品制作者的录音制品和广播组织的广播节目予以保护。

公约的行政管理工作由世界知识产权组织、国际劳工组织和联合国教科文组织共同负责。公约的行政管理工作由世界知识产权组织、国际劳工组织和联合国教科文组织共同负责。依本公约设立的政府间委员会的秘书处，由这三个组织和12个缔约方的代表组成。本公约对《伯尔尼公约》或《世界版权公约》的成员国开放。批准书或加入书必须交联合国秘书长保存。各国可以对某些规定的适用作出保留。

截至2016年2月，该公约有92个缔约方。

（5）《保护录音制品制作者防止未经许可复制其录音制品公约》（*Convention for the Protection of Producers of Phonograms Against Unauthorized Duplication of Their Phonograms*），简称《录音制品公约》或《唱片公约》，1971年通过。公约规定，每一缔约方均有义务为属于另一缔约方国民的录音制品制作者提供保护，以禁止未经制作者同意而进行复制，禁止进口此类复制品（如果这种复制或进口以向公众发行为目的），并禁止此类复制品向公众发行。

在邻接权国际保护领域中，《罗马公约》是一个基本公约，但它对录音制品制作者权利的保护不够有力，尤其是随着复制技术的不断发展，更有必要缔结一个专门的公约来保护录音制品制作者的权利。《唱片公约》就是在这种背景下缔结的。公约共13条，其中第1~7条为实体条款，第8~13条为行政条款。

我国于 1993 年 1 月 5 日加入该公约，1993 年 4 月 30 日公约对我国生效。

（6）《发送卫星传输节目信号布鲁塞尔公约》(*Brussels Convention Relating to the Distribution of Programme-Carrying Signals Transmitted by Satellite*)，简称《布鲁塞尔公约》或《卫星公约》，1974 年签订。公约规定，每一缔约方均有义务采取适当措施，防止未经许可向其领土或从其领土发送卫星传输的节目信号。未经许可发送，是指未经决定节目内容的组织（通常为广播组织）许可的发送行为。凡属于缔约方"国民"的组织均负有这种义务。

公约还准许对保护进行某些限制。未经授权的人在下述几种情况下可以播送节目承载信号：信号承载了包含时事报道的简短摘要；或作为引用内容，对被发射的信号承载的节目进行简短摘要；或就发展中国家而言，被发射的信号承载的节目仅为教学（包括成人教育）或科研目的而播送。公约没有规定保护期，而留交国内立法自行确定。

但是，从直接广播的卫星上发送信号的，不适用本公约的规定。

本公约对于建立联盟、设立领导机构或制定预算均未作规定。

本公约对联合国成员国或联合国组织系统所属任何机构的成员国开放。批准书、接受书或加入书必须交联合国秘书长保存。

（7）《保护奥林匹克会徽内罗毕条约》(*Nairobi Treaty on the Protection of the Olympic Symbol*)，简称《内罗毕条约》，1981 年通过。参加《内罗毕条约》的所有国家均有义务保护奥林匹克会徽，制止未经国际奥林匹克委员会的许可将其用于商业目的（如广告中、商品上、作为商标等）的行为。

本条约的一个重要作用是，如果国际奥林匹克委员会许可在本条约的某一缔约方使用奥林匹克会徽，该国的国家奥林匹克委员会有权分享国际奥林匹克委员会因给予此类许可而获得的任何收入。

本条约对世界知识产权组织、《巴黎公约》、联合国或与联合国建立关系的任何专门机构的任何成员国开放。批准书、接受书、认可书或加入书必须交世界知识产权组织总干事保存。

（8）《保护集成电路知识产权的华盛顿公约》(*Washington Treaty on Intellectual Property in Respect of Integrated Circuits*)，简称《华盛顿公约》或《集成电路条约》，1989 年 5 月 26 日签订于华盛顿。

《华盛顿公约》共 20 条。其主要内容包括联盟的建立，定义，条约的客体，保护的法律形式，国民待遇，保护范围，实施、登记、公开，大会，国际局，修改，《巴黎公约》和《伯尔尼公约》的保障，保留，争议的解决，参加，生效，退出，文本，保存人，签字。该公约明确规定，"集成电路"是指一种产品，在它的最终形态或中间形态，是将多个元件，其中至少有一个是有源元件，和部分或全部互连集成在一块材料之中和/或之上，以执行某种电子功能。"布图设计（拓扑图）"是指集成电路中多个元件，其中至少有一个是有源元件，和其部分或全部集成电路互连的三维配置，或者是指为集成电路的制造而准备的这样的三维配置。

《华盛顿公约》规定成员国应对集成电路的布图设计实行注册保护，注册申请无须具有新颖性，集成电路布图设计的所有人在其产品投入商业领域后两年之内提交申请即可，保护期至少为10年。受保护的条件除了"独创性""非一般性"，还有"非仅仅其有关功能的有限表达方式"。公约还规定了国民待遇，即各成员国对于其他成员国的国民或居民，只能要求与本国国民一样地履行手续，并且给予同样的保护。这与诸版权公约中的国民待遇不同，而与《巴黎公约》相似。但《与贸易有关的知识产权协定》规定其成员必须遵守该条约的第2~7条、第12条以及第16条中的部分规定。

我国于1990年5月1日签署了该条约。

（9）《商标法条约》（*Trademark Law Treaty*），于1994年缔结，宗旨是统一和简化国家和地区商标注册的程序。该条约对商标注册程序进行了原则规定，主要包括主管机关不得要求申请人提供商业注册证明，申请人可以在一份申请书上申请多个类别的注册及变更、转让，注册及续展注册的有效期统一为10年，不必就每一份申请提交一份代理人委托书，不得对签字要求进行公证、认证、证明、确认。这一系列的规定极大地简化了商标申请人在各成员国之间进行申请注册和保护。

我国于1994年10月28日签署了该条约。

（10）《世界知识产权组织版权条约》（*WIPO Copyright Treaty*），简称《WIPO版权条约》，是在1996年12月20日由世界知识产权组织主持，有120多个国家代表参加的外交会议上缔结的，主要为解决国际互联网络环境下应用数字技术而产生的版权保护新问题。

《WIPO版权条约》共25条，第1~14条为实体条款，第15~25条为行政管理条款。此外还附有"议定声明"9条，对条约中一些可能发生歧义的问题作了进一步解释。《WIPO版权条约》是对《伯尔尼公约》《与贸易有关的知识产权协定》的发展与补充，属于《伯尔尼公约》所称的特别协议，涉及数字环境中对作品和作品作者的保护。

我国于 2007 年 3 月 9 日加入该公约，2007 年 6 月 9 日公约对我国生效。

（11）《世界知识产权组织表演和录音制品条约》（*WIPO Performances and Phonograms Treaty*），简称《WIPO 表演和录音制品条约》，是在 1996 年 12 月 20 日由世界知识产权组织主持，有 120 多个国家代表参加的外交会议上缔结的，主要为解决国际互联网络环境下应用数字技术而产生的版权保护新问题，实际是"邻接权"条约。

该条约涉及两种受益人的知识产权问题：一是表演者（演员、歌唱家、音乐家等）；二是录音制品制作者（对将声音录制下来提出动议并负有责任的自然人或法人）。该条约之所以同时涉及该两种受益人，是因为它给予表演者的大部分权利都是与其已经录制的、纯声音的表演相关的权利。

《WIPO 表演和录音制品条约》由序言和 33 条正文组成，目的是在数字领域，特别是互联网领域更好地保护表演者和录音制品制作者的权利。

《WIPO 表演和录音制品条约》第 18 条、第 19 条规定了与《WIPO 版权条约》相一致的保护"技术措施"和"权利管理信息"的义务。《WIPO 表演和录音制品条约》第 5 条规定了与《伯尔尼公约》第 6 条之二的相似的"表演者的精神权利"。《WIPO 表演和录音制品条约》还规定了与《WIPO 版权条约》相一致的"发行权""出租权"和"限制与例外"，对录音制品的出租权可以规定表演者和录音制品制作者实行"非自愿许可"。《WIPO 表演和录音制品条约》第 15 条规定了表演者和录音制品制作者的"广播权"，录音制品用于广播或向公众传播，表演者和录音制品制作者应享有获得一次性合理报酬的权利，但缔约各方可以对该项权利进行保留（不适用该项权利）。

我国于 2007 年 3 月 9 日加入该公约，2007 年 6 月 9 日公约对我国生效。

（12）《专利法条约》（*Patent Law Treaty*），2000 年通过，2005 年 4 月 28 日生效。《专利法条约》旨在协调国家专利局和地区专利局的形式要件并简化取得和维持专利的程序。

其规范的主要内容有：取得申请日的要件和避免申请人因未满足形式要求而失去申请日的有关程序；适用于国家和地区专利局的一套单一的国际标准化形式要求，该要求与专利合作条约的形式要求一致；各局均应接受的标准申请表格；简化的审批程序；避免申请人因未遵守期限而非故意丧失权利的机制；适用电子申请的基本规则。

同时，该条约规定了缔约方专利局可以适用的最高要求，除了申请日条件是例外事项，缔约方专利局对本条约规定的事务不得增加任何形式条件。因此，缔约方有自由从申请人和权利人的角度规定对他们更有利的要求。

（13）《商标法新加坡条约》（Singapore Treaty on the Law of Trademarks），简称《新加坡条约》，是在1994年《商标法条约》的基础上制定的，但适用范围更广，而且可以用来处理通信技术领域近期出现的一些问题。2006年3月28日在由世界知识产权组织主办、新加坡政府承办的"通过经修订的《商标法条约》外交大会"上通过。自2006年3月28日至2007年3月27日，《新加坡条约》在世界知识产权组织日内瓦总部开放一年供签署，目前已有51个国家和组织签署了该条约。

我国于2007年1月29日签署了该条约。

（14）《视听表演北京条约》（Beijing Treaty on Audiovisual Performances），简称《北京条约》，2012年6月20日至26日在北京举行的由世界知识产权组织主办，新闻出版总署（国家版权局）、北京市人民政府承办的保护音像表演外交会议上通过，涉及表演者对视听表演的知识产权。

《视听表演北京条约》是关于表演者权利保护的国际条约，该条约赋予了电影等作品的表演者依法享有许可或禁止他人使用其在表演作品时的形象、动作、声音等一系列表演活动的权利。这一条约的缔结，在完善国际表演者版权保护体系，推动世界各国文化产业健康繁荣，促进包括中国在内的、具有悠久文化历史的发展中国家传统民间表演艺术发展方面，具有里程碑式的意义。新条约也有利于完善中国的著作权法律制度、提高中国表演者的权利保护水平，推动中国传统文化"走出去"。《视听表演北京条约》是在中国诞生的第一个国际知识产权条约，将大大提升中国版权事业的国际地位和北京在国际社会的知名度。

《视听表演北京条约》与《新加坡条约》、"马德里体系"、"伯尔尼联盟"等知识产权体系齐名。《视听表演北京条约》的签署结束了表演者权利得不到完整知识产权保护的历史。

我国于2012年6月26日签署了该条约，2014年4月24日，第十二届全国人民代表大会常务委员会第八次会议表决通过批准《视听表演北京条约》。《视听表演北京条约》的诞生，标志着谈判了近20年的视听表演者版权保护的国际新条约终于修成正果。

（15）《关于为盲人、视力障碍者或其他印刷品阅读障碍者获得已出版作品提供便利的马拉喀什条约》(*Marrakesh Treaty to Facilitate Access to Published Works for Persons Who Are Blind, Visually Impaired or Otherwise Print Disabled*)，简称《马拉喀什条约》，于2013年6月27日通过，是世界知识产权组织管理的版权方面的国际条约之一。它具有鲜明的人道主义和社会发展维度，主要目标是创设一组有益于盲人、视力障碍者（视障者）和其他印刷品阅读障碍者的强制性限制与例外。

《马拉喀什条约》是国际著作权体系中的历史性条约，其为便利视力障碍者获取出版作品提供了众多的限制与例外，是一个版权领域具有人权性质的国际条约，也是解决世界上3.4亿盲人、视障者和其他印刷品阅读障碍者面临"书荒"问题的一个善举。全球已有包括中国在内的80个国家签署了该条约。

被授权实体是该条约的核心概念，可界定为解决无障碍格式版作品的匮乏与传播问题而被赋予一系列针对著作权的例外与限制的非营利性组织，如图书馆等公共事业机构。

《马拉喀什条约》的结构明确，为国内及涉及跨境的限制与例外制定了明确的规则。首先，条约要求缔约方在国内版权法中为视障者规定限制或例外。受这种限制或例外约束的权利是复制权、发行权和向公众提供权。被授权实体可以在非营利的基础上制作无障碍格式版，这些版本可以通过非商业性出借或以电子传播的方式发行。这项活动要符合的条件包括：依法有权使用作品，只进行将作品制成无障碍所需要的修改，并且仅将这些版本提供给受益人使用。视障者依法有权使用作品无障碍格式版的，也可以为个人使用制作复制件。在国内，各国可以将限制或例外限于"在该市场中无法从商业渠道以合理条件为受益人获得特定无障碍格式的"作品。要利用这一规定，必须通知世界知识产权组织总干事。其次，《马拉喀什条约》要求缔约方在某些情况下允许无障碍格式版的进出口。进口方面，依国内法可以制作无障碍格式版时，也可以不经权利人授权进口无障碍格式版。关于出口，根据限制或例外或其他法律制作的无障碍格式版，可以由一个被授权实体向另一缔约方的受益人或被授权实体发行或提供。这项具体限制或例外要求作品供受益人专用。《马拉喀什条约》还明确，在发行或提供之前，被授权实体必须不知道或者没有合理理由知道无障碍格式版将被其他人使用。

《马拉喀什条约》允许缔约方自由地根据自身的法律制度和惯例实施条约的条款，这其中包括如何认定"公平做法、公平行为或合理使用"，但要遵守其他条约为它们规定的三步检验法义务。三步检验法是用以判断一项例外或限制是否为国际版权及相关权准则所允许的一项基本原则。它包括三个要素：任何例外或限制应仅限于某些特殊情况；不得与作品的正常利用相抵触；而且不得不合理地损害权利人的合法利益。

要加入《马拉喀什条约》，不要求必须是其他国际版权条约的成员；成员资格向世界知识产权组织成员国和欧洲共同体开放。但是，接收无障碍格式版的缔约方，如果无义务实行《伯尔尼公约》第9条规定的三步检验法，必须确保无障碍格式版不在其管辖范围以外再次发行。而且，也不允许被授权实体进行跨境转让，除非制作无障碍版的缔约方是《WIPO版权条约》的缔约方，或者以其他方式对旨在实施《马拉喀什条约》的限制和例外适用三步检验法。

《马拉喀什条约》要求世界知识产权组织建立一个"信息联络点"，用以进行自愿的信息共享，方便被授权实体的确认。世界知识产权组织还被要求共享有关条约发挥作用的信息。此外，缔约方承诺帮助各自的被授权实体参加跨境转让安排。条约建立了一个缔约方大会，主要任务是处理关于维护和发展条约的事项。条约还委托世界知识产权组织秘书处负责条约的行政工作。

目前已签署条约的80多个国家中已有50个国家批准了该条约，我国于2013年6月28日签署了该条约，但尚未批准。

《马拉喀什条约》为缔约方提出了较为详细的立法要求，缔约方须在国内法中规定各项著作权限制与例外，以为视障者获得作品提供便利。中国也正在为批准条约积极进行着对《著作权法》等相关法律法规的修订和完善工作，以确保符合条约的各项要求。

2. 第二类条约

这些条约是关于发明专利、商标、工业品外观设计等知识产权国际注册或国际申请的契约。依据这些契约，所有的缔约方寻求这些知识产权国际保护时，能极大地降低投入的人力与物力，降低其各项国际申请和国际文件呈报时的成本与时间，从而极大地促进这些知识产权的开发与保护。这些条约主要有以下几种（以条约生效日期排列）。

（1）《商标国际注册马德里协定》（*Madrid Agreement Concerning the International Registration of Marks*），简称《马德里协定》，1891年签订，是用于规定、规范国际商标注册的国际条约。马德里体系中的成员国和组织，目前已超过100个。通过本体系，只要取得在每一被指定缔约方均有效力的国际注册，即可在数量众多的国家中保护商标。

马德里商标国际注册，即根据《马德里协定》或《马德里议定书》的规定，在马德里联盟成员国间所进行的商标注册。通常所说的商标国际注册，指的就是马德里商标国际注册。"马德里联盟"是指由《马德里协定》和《马德里议定书》所适用的国家或政府间组织所组成的商标国际注册特别联盟。

商标国际注册马德里体系受以下两项条约的制约。

《马德里协定》于1891年签订，先后在布鲁塞尔（1900年）、华盛顿（1911年）、海牙（1925年）、伦敦（1934年）、尼斯（1957年）和斯德哥尔摩（1967年）修订，并且于1979年修正。

《马德里议定书》于1989年签订，旨在让马德里体系更加灵活，并且与尚无法加入本协定的某些国家或政府间组织的国内法更加协调。

加入马德里体系的国家和组织被统称为缔约方。通过本体系，只要取得在每一被指定缔约方均有效力的国际注册，即可在数量众多的国家中保护商标。

只有因营业所、住所或国籍而与《马德里协定》或《马德里议定书》有联系的自然人或法人，才能提出国际注册申请（国际申请）。只有在商标已经在申请人与之有必要联系的缔约方的商标局（称为"原属局"）进行注册的情况下，方可对该商标提出国际申请。不过，如果所有的指定均依据《马德里议定书》作出，国际申请可仅以向原属局提交的注册申请为依据。国际申请必须通过原属局提交给世界知识产权组织国际局。

国际申请中必须指定一个或多个被要求给予保护的缔约方。之后还可作出进一步指定。被指定的缔约方必须与主管局为原属局的缔约方是同一条约的成员。后一缔约方本身不得在国际申请中被指定。

对某一缔约方的指定，既可依据《马德里协定》作出，亦可依据《马德里议定书》作出，具体取决于有关缔约方共同参加的是哪个条约。如果两个缔约方同属《马德里协定》和《马德里议定书》的成员，指定将受《马德里议定书》的约束。

不论国际申请受哪个条约的约束，都可以用英语、法语或西班牙语任一语种提交，除非原属局规定只能选用其中一种或两种。

提交国际申请须缴纳基本费（原属国是联合国确定的最不发达国家的申请人提交国际申请，规费可减至10%）；还须为前三类以外的每一类商品和/或服务缴纳附加费；并为每一被指定的缔约方缴纳补充费。不过，《马德里议定书》的缔约方可以声明，依据《马德里议定书》对其作出指定的，由单独规费取代补充费，数额由所涉的缔约方决定，但不得高于在其主管局进行国内商标注册应缴纳的费用额。

对于国际注册问题：国际局一经收到国际申请，即予以审查，以判断其是否符合《马德里协定》《马德里议定书》及其《共同实施细则》的要求。这一审查限于形式，其中包括商品和/或服务清单是否便于分类和易于理解。申请如无任何不规范，国际局将在国际注册簿上对该商标进行登记，在《WIPO 国际商标公告》（简称《公告》）中公布国际注册，并将该国际注册通知每一个被指定的缔约方。至于该商标在某一缔约方是否符合保护条件或是否与注册在先的商标有冲突等所有实质性问题，由该缔约方的商标局根据适用的国内立法决定。电子版的《公告》可在马德里体系网站上查阅。

给予保护的说明或拒绝保护问题：每一被指定缔约方的主管局均应根据《共同实施细则》第 18 条之三发出给予保护的说明。但是，缔约方审查国际注册是否符合其国内法时，如有不符合某些实质性规定的情形，它们有权驳回要求在其领土上给予保护的请求。任何此种驳回，包括对驳回理由的说明，必须通知国际局，通常是在通知之日起的 12 个月内。但《马德里议定书》缔约方可以声明，对于依《马德里议定书》对其作出的指定，这一时限延长至 18 个月。《马德里议定书》的缔约方还可以声明，对于以异议为依据的驳回，甚至可以在 18 个月时限之后再通知国际局。驳回通知注册人或注册人在国际局的代理人，在国际注册簿上登记，并在《公告》中公布。驳回的后期程序（如申诉或复审），应在有关缔约方的主管行政管理部门和/或法院与注册人之间直接进行，国际局不介入。但有关驳回的最终决定须通知国际局，国际局将进行登记，并且予以公布。

国际注册的效力问题：国际注册在每一被指定缔约方境内的效力，自该国际注册之日起，该商标与在该缔约方主管局直接注册的效力相同。如在适用的时限内未发出任何驳回通知，或某一缔约方原通知驳回后又撤销，对商标的保护则应自该国际注册之日起，与仿佛该商标系在该缔约方主管局注册所应享有的保护相同。

国际注册的有效期为 10 年。缴纳规费后可再以 10 年为期进行续展。

保护可以限于部分或全部商品或服务，亦可仅就部分被指定的缔约方放弃保护。国际注册的转让可以涉及全部或部分被指定的缔约方及所说明的全部或部分商品或服务。

马德里体系为商标所有人提供了诸多好处：取得国际注册，无须再向每个有关的国家或地区按照不同的国家或地区程序规则和条例，使用多种不同的语言，分别提交国家申请，并缴纳数种不同的（且往往更高的）规费，而只需要（通过本国的主管局）以一种语言（英语或法语），向国际局提交一项申请，并缴纳一套规费即可。维持和续展注册也有类似的好处。同样，如果向第三方转让国际注册，或进行如更改名称和/或地址之类的其他变更，可以通过单一的程序步骤进行登记，并对所有被指定的缔约方具有效力。

为便利马德里体系用户的工作，国际局出版了《马德里协定和马德里议定书商标国际注册指南》。《马德里协定》和《马德里议定书》对《巴黎公约》的成员国开放。这两项条约是并行不悖和相互独立的，各国可加入其中的任何一个，亦可同时加入两项条约。此外，设有商标注册主管局的政府间组织可成为《马德里议定书》的成员。批准书或加入书须交由世界知识产权组织总干事保存。

我国于1989年7月4日加入该协定，1989年10月4日协定对我国生效。

（2）《工业品外观设计国际注册海牙协定》(Hague Agreement Concerning the International Registration of Industrial Designs)，简称《海牙协定》，是对工业品外观设计的国际注册作出的规定。协定最早于1925年通过，有效地建立了一个使工业品外观设计以最少的手续在多个国家或地区取得保护的国际体系——海牙体系。海牙体系由世界知识产权组织的国际局管理。世界知识产权组织国际局还负责保存国际注册簿，并且出版国际外观设计公报。

简而言之，《海牙协定》通过向设在瑞士日内瓦的世界知识产权组织国际局递交一份单独的国际申请的方式，为在数个缔约方获得工业品外观设计保护提供了可能性。

海牙体系现共有64个缔约方。为了成为海牙体系缔约方，使我国外观设计申请人早日享受到海牙体系带来的便利，在国家知识产权局2015年4月1日发布的《中华人民共和国专利法修改草案（征求意见稿）》中，对涉及外观设计的部分进行了修改，以便与海牙体系相衔接。具体的修改之处包括：明确对局部外观设计的保护，增加外观设计国内优先权制度，延长外观设计专利保护期限。

海牙体系的建立，是出于简化和经济的需求。该体系使某个缔约方的外观设计所有人，能有效地以最简便的手续和最少的花费在国外获得对其外观设计的保护。采用海牙体系，提交国际申请时则不需要有在先的国家申请或注册，只需向世界知识产权组织国际局提交正式的申请表格或通过世界知识产权组织海牙电子申请界面提交申请，采用一种货币，即瑞士法郎，用一种语言（英语、法语或西班牙语），即可获得一个国际注册，并在一个或多个指定缔约方生效，达到在国际层面申请对工业品外观设计的保护。只有在该外观申请在指定缔约方被驳回时，才需要聘请外国代理人。

国际注册取得的首次保护期限是五年，当需要在全部或部分缔约方续展或进一步限定已注册外观时，仅需向世界知识产权组织通过电子或纸质表格的方式提出申请（必须向国际局提出）。此外，海牙体系允许一次申请最多包含100项不同的外观设计，只要这些外观设计属于国际分类（洛迦诺分类）的同一大类。《海牙协定》允许申请人向世界知识产权组织国际局递交一份申请注册一项工业品外观设计，使外观设计所有人能够以最少的手续在多个国家或地区保护其外观设计。《海牙协定》允许只办理一次程序即可登记后续变更和续展国际注册，从而简化了工业品外观设计注册的管理。

目前，该协定有两个文本有效——1999年文本和1960年文本。具体取决于申请人与之有上述联系的缔约方（下称"原属国"）。国际外观设计申请可以直接提交世界知识产权组织国际局，或者在缔约方法律允许或有此要求的情况下，通过该缔约方的工业产权局提交世界知识产权组织国际局。但在实践中，几乎所有国际申请都是直接向国际局提交的，而且其中多数是通过世界知识产权组织网站上的电子申请界面提交的。

（3）《保护原产地名称及其国际注册里斯本协定》（*Lisbon Agreement for the Protection of Appellations of Origin and their International Registration*），简称《里斯本协定》，1958年于葡萄牙里斯本签订。《里斯本协定》旨在保护原产地名称。原产地名称是指"一个国家、地区或地方的地理名称，用于指示一项产品来源于该地，其质量或特征完全或主要取决于地理环境，包括自然和人为因素"（第2条）。这种名称由设在日内瓦的世界知识产权组织国际局根据有关缔约方主管机关提出的请求进行注册。国际局备有原产地名称国际注册簿，并且将注册通知其他缔约方。国际局还在里斯本体系官方公报《原产地名称》中公布注册情况。缔约方可以在收到注册通知一年之内声明其不能保证在其领土内保护某注册名称［第5条第（3）款］。声明必须说明不予保护的理由。根据里斯本体系规定的一种程序，缔约方随后可以撤回驳回。注册名称将受到保护，防止假冒和仿冒，即使使用译名或附加"类""式"

等字样也不可（第3条），而且只要在原属国继续受到保护，便不得被视为已成为通用名称（第6条）。

2010年1月起，缔约方可以选择发出给予保护的声明，从而改进了国际注册在成员国状况的信息沟通。在第5条第（3）款规定的一年驳回期限届满前已经知道不会发出驳回声明的缔约方，可以发出这种声明；另外，可用这种声明取代撤回驳回的通知。

《里斯本协定》于1958年缔结，1967年在斯德哥尔摩修订，并于1979年修正。《里斯本协定》建立了联盟，联盟设有大会。联盟中凡至少遵守斯德哥尔摩文本行政条款和最后条款的成员国均为大会成员。

本协定对《巴黎公约》的成员国开放。批准书或加入书必须交世界知识产权组织总干事保存。

（4）《专利合作条约》（*Patent Cooperation Treaty*）是继《巴黎公约》之后专利领域的最重要的国际条约，是国际专利制度发展史上的又一个里程碑。专利合作条约是专利领域的一项国际合作条约。专利申请国家为避免各国专利局的重复工作而统一商议制定的国际性合作条约。根据美国于1966年提出的建议，世界知识产权组织与法国、德国、日本、苏联、英国和美国这6个专利申请案件最多的国家进行了商议，并于1970年6月19日在美国华盛顿由35个国家共同签署了《专利合作条约》，1978年1月24日生效，1978年6月1日开始实施，由总部设在日内瓦的世界知识产权组织管辖。1979年和1984年进行过修改。

1993年11月，我国专利局公布《关于中国实施〈专利合作条约〉的规定》，并于1994年1月1日起施行该规定，成为条约的缔约方之一。条约规定，专利申请人只要向一国专利局提出专利申请，并指明要求保护的国家的名称，即可由世界知识产权组织的国际局统一办理申请、检索、公布和初步审查，并将检索报告和初步审查报告转送被指定要求保护的国家的专利局，由被指定国按本国专利法的规定进行最后审查，以决定是否授予专利权。《专利合作条约》大大简化了一项发明向多国分别申请专利的手续，但并没有确立国际统一的专利制度。

自采用《保护工业产权巴黎公约》以来，它被认为是该领域进行国际合作最具有意义的进步标志。但是，它是主要涉及专利申请的提交、检索及审查及其中包括的技术信息的传播的合作性和合理性的一个条约。《专利合作条约》不对"国际专利授权"：授予专利的任务和责任仍然只能由寻求专利保护的各个国家的专利局或行使其职权的机构掌握（指定局）。《专利合作条约》并非与《巴黎公约》竞争，事实上是其补充。实质上，它是在《巴黎公约》下只对《巴黎公约》成员国开放的一个特殊协议。

《专利合作条约》的宗旨是：在专利领域中建立一项合作制度，以帮助全世界的发明人、工业企业和专利局在很大程度上避免由于各国分别按本国法律程序审批专利所产生的大量重复劳动。根据《专利合作条约》的规定，任一缔约方的国民或居民都可向其所属国家的专利局用其本国语言提出国际专利申请。申请人在提出国际申请时必须遵照《专利合作条约》详细规定的格式要求，指定他希望该申请能生效的缔约方名称（指定国）。提出国际申请同申请人向国际申请中指定的国家分别提出申请具有同等效力。

受理国专利局收到国际申请后要对其进行形式审，合格后即转送世界知识产权组织国际局。同时要将申请转送给专利合作条约联盟指定的国际检索单位进行检索。《专利合作条约》的程序对申请人、各国专利局和公众都有很大的好处。国际检索报告和国际初审报告大大减轻或免除了各国专利局的工作。由于每一个国际申请都和国际检索报告一道公布，就使有利害关系的公众能对该项发明是否符合授予专利的条件及时作出自己的判断。

我国于1993年10月1日加入该条约，1994年1月1日条约对我国生效。2018年中国申请人提交的《专利合作条约》申请达53 345件，仅次于美国的56 142件，位列世界第二。

（5）《国际承认用于专利程序的微生物保存布达佩斯条约》（*Budapest Treaty on the International Recognition of the Deposit of Microorganisms for the Purposes of Patent Procedure*），简称《微生物保存布达佩斯条约》或《布达佩斯条约》，《保护工业产权巴黎公约》成员国缔结的专门协定之一。1977年4月27日，由布达佩斯外交会议通过，1980年9月26日修正。《布达佩斯条约》的主要特征是为专利程序的目的允许或要求微生物寄存的缔约方必须承认向任何"国际保存单位"提交的微生物寄存。这种承认应包括承认由该国际保存单位说明的保存事实和交存日期，以及承认作为样品提供的是所保存的微生物样品。各缔约方根据条约组成"布达佩斯联盟"。联盟的行政工作委托世界知识产权组织国际局办理。联盟的成员国必须是《巴黎公约》的成员国。

我国于1995年4月1日加入该条约，1995年7月1日条约对我国生效。

（6）《商标国际注册马德里协定有关议定书》（Protocol relating to the Madrid Agreement concerning the International Registration of Marks），简称《马德里议定书》，1989年签订，并于1995年12月1日生效。为了实施该议定书，同时应用于《马德里协议》和《马德里议定书》的实施细则获得通过，并于1996年4月1日生效，这一天也是《马德里议定书》生效之日。如同《马德里协议》一样，《马德里议定书》使成员国的商标所有人可以经由其所在地的商标局向世界知识产权组织国际局提交一件申请而在其他成员国各国获得商标保护。

我国于2000年5月4日加入该议定书，2000年8月4日议定书对我国生效。

3. 第三类条约

这些条约确定了专利、商标或工业品外观设计各自下属类别的分类，并且以此确定了易于检索的索引。这些分类标准能够将专利、商标或工业品外观设计的信息整理为更易于管理的形式。这些条约包括以下几种。

（1）《商标注册用商品和服务国际分类尼斯协定》（Nice Agreement Concerning the International Classification of Goods and Services for the Purposes of the Registration of Marks），简称《尼斯协定》，于1957年6月15日在法国尼斯签订，于1961年4月8日生效。我国于1988年11月开始使用国际商标注册用商品分类法，在1993年7月1日实施商标法修改案后，也开始使用国际服务分类法。《尼斯协定》主要规定的是商品与服务分类法，它将商品分为34大类，服务项目分为11大类，该分类为商标检索、商标管理提供了很大方便。

我国于1994年5月5日加入该协定日内瓦文本，1994年8月9日协定对我国生效。

（2）《建立工业品外观设计国际分类洛迦诺协定》（Locarno Agreement Establishing an International Classification for Industrial Designs），简称《洛迦诺协定》，巴黎联盟成员国间签订的专门协定之一，1968年10月4日在洛迦诺签订，1971年起生效。

它建立了工业品外观设计的一种分类（《洛迦诺分类》）。缔约方的主管局必须在其发布的有关工业品外观设计保存或注册的官方文件和任何出版物中，按该分类标明采用外观设计的商品所属的大类和小类号。

《洛迦诺协定》建立了联盟，联盟设有大会。系联盟成员的每个国家均是大会的成员。大会最重要的任务之一是通过联盟的两年期计划和预算。

《洛迦诺协定》还成立了一个专家委员会，由联盟所有成员派代表参加。委员会的主要任务是对分类进行定期修订。《洛迦诺协定》的参加国组成了洛迦诺联盟，在联盟的国家中，采用统一的工业品外观设计分类法。该联盟的执行机构是世界知识产权组织国际局。联盟除大会外，还设有一个国家委员会，定期修改国际分类法。《洛迦诺分类》已经由专家委员会修订过若干次。目前的版本（第十一版）中纳入了在2015年10月以及此前进行的所有修订。第十一版于2016年6月发布，2017年1月1日生效。它取代了以前的各个版本，包含32个大类和219个小类，并视情况附有用法说明。按字母顺序排列的商品目录，载有5 167个英文条目，其中的商品大类按字母顺序排列，在每个小类内也按字母顺序排列。

我国于1996年6月17日加入该协定，1996年9月19日协定对我国生效。

（3）《国际专利分类斯特拉斯堡协定》(*Strasbourg Agreement Concerning the International Patent Classification*)，简称《斯特拉斯堡协定》，是《巴黎公约》成员国间缔结的有关建立专利国际分类的专门协定之一。1971年3月24日在法国斯特拉斯堡签订。

《斯特拉斯堡协定》共17条。其主要内容包括：专门联盟的建立；国际分类法的采用；分类法的定义、语言、使用；专家委员会；专门联盟的大会；国际局；财务；修订；缔约方；生效；有效期；退出；签字、语言、通知、保存职责；过渡条款。

1971年3月24日，各缔约方考虑到普遍采用一种统一的专利、发明人证书、实用新型和实用证书的分类系统是符合全体的利益的，而且可能在工业产权领域建立较为密切的国际合作，有助于协调各国在该领域的立法工作；认识到1954年12月19日的关于发明专利国际分类法的欧洲公约的重要性，根据这一公约，欧洲理事会制定了发明专利国际分类法；注意到这一分类法的普遍价值及其对《巴黎公约》的全体缔约方的重要性。

该协定目的是普遍采用一种统一的专利、发明人证书、实用新型和实用证书的分类系统，在工业产权领域建立较为密切的国际合作，协调各国在该领域的立法工作。该协定建立了国际专利分类系统，把技术分为8个部分和69 000个小类。每一个小类有一个标志符，由各国家或地区工业产权局标注。

《斯特拉斯堡协定》是根据1954年的发明专利国际分类欧洲公约创建的发明专利国际分类法制定的。该协定由世界知识产权组织管理，并向《巴黎公约》的所有成员国开放。协定规定缔约方对一切专利文件都应标注适当的国际专利符号。任何国家，不论是否是协定的缔约方，均可使用该分类法。国际专利分类系统每5年修订一次。只有参加《斯特拉斯堡协定》的巴黎联盟成员国才有权参与国际专利分类系统的修订工作。

我国于1996年6月17日加入该协定，1997年6月19日协定对我国生效。

（4）《建立商标图形要素国际分类维也纳协定》(Vienna Agreement for Establishing an International Classification of the Figurative Elements of Marks)，简称《维也纳协定》，是建立商标图形要素国际分类的协议。1973年6月12日在维也纳外交会议上通过，1985年8月9日生效。

《维也纳协定》建立了一种用于由图形要素构成的或带有图形要素的商标的分类法（《维也纳分类》）。该协定将商标图形要素分为29个大类、144个小类和约1 887个类目。它要求缔约方的主管局必须在其有关商标注册和续展的官方文件或出版物中，标明商标的图形要素所归入的该分类的类号、组号和项号。

《维也纳协定》还成立了一个专家委员会，由联盟所有成员派代表参加。委员会的主要任务是对分类进行定期修订。《维也纳协定》对《保护工业产权巴黎公约》的成员国开放。批准书或加入书必须交世界知识产权组织总干事保存。

第三节　世界贸易组织及《与贸易有关的知识产权协定》

一、世界贸易组织概述

世界贸易组织是致力于监督和促进世界贸易的国际组织，成立于1995年1月1日，有104个国家为其创始国。世界贸易组织的前身是1947年创立的《关税与贸易总协定》。当时创立《关税与贸易总协定》，并非想让它长期存在，而是想尽快用联合国的专门机构"国际贸易组织"来取代它。但由于它在创立后的50年间在放宽世界贸易限制、促进世界贸易发展方面都进展顺利，取得了较大的成功，所以一直存在到1995年，原来要建立的国际贸易组织的设想，也一直没有实现。然而到了20世纪90年代，由于世界经济特别是发展中国家经济迅速发展，以及由于经济全球化趋势的不断发展，使世界贸易在迅速发展的同时，也呈现出许多复杂的局面。特别是随着世界贸易格局的变化，出现了许多新的矛盾和争端，从而要求建立强有力的世界多边贸易组织,以控制和解决贸易争端,减少贸易摩擦,促进世界贸易发展的呼声越来越高。正是适应这种形势,在1994年乌拉圭回合的最后一次会议上,作出了正式结束《关税与贸易总协定》这一组织和建立世界贸易组织的决议。

1995年1月1日,世界贸易组织正式成立。其宗旨是:促进世界经济和贸易的发展,以提高生活水平、保证充分就业、保障实际收入和有效需要的增长;根据可持续发展的目标,合理利用世界资源,扩大货物和服务的生产;达成互惠互利的协议,大幅削减和取消关税及其他贸易壁垒,消除国际贸易中的歧视待遇。国际贸易组织在法律上是与联合国等国际组织处于平等地位的重要国际组织。按照决议,所有世界贸易组织的成员国都应遵守和执行所有原关贸总协定的协议,包括乌拉圭回合最后一次会议的协议。此外,世界贸易组织还负责谈判和执行新的贸易协议,负责定期审议其成员国的贸易政策和统一处理成员国之间的贸易争端;负责加强同货币基金组织和世界银行的合作,以实现全球化经济政策的一致性。

世界贸易组织由部长会议、总理事会和总干事负责管理。部长会议每两年召开一次。总理事会负责执行部长会议的有关政策决议和日常行政事务。总干事长由部长会议任命。总理事会设有货物贸易、非货物贸易、知识产权三个理事会和贸易与发展、预算两个委员会。此外还设有贸易政策核查机构,负责监督各委员会的工作,并负责起草国家政策之评估报告。世界贸易组织的总部设在瑞士日内瓦。

二、《与贸易有关的知识产权协定》

《与贸易有关的知识产权协定》(Agreement on Trade-Related Aspects of Intellectual Property Rights),简称《知识产权协定》,是世界贸易组织管辖的一项多边贸易协定,是世界贸易组织成员共同遵守的保护知识产权的国际规则。

其宗旨为:加强对知识产权的有效、充分保护,并且确保实施知识产权的措施和程序不会成为贸易障碍;建立多边框架和规则,处理国际假冒产品贸易问题。知识产权是私有权利,未经权利人许可的使用,一般构成侵权;承认各国保护知识产权的公共政策的目标,包括发展目标和技术目标;对最不发达国家成员的国内实施法律和规章给予最大的灵活性;通过多边程序解决与贸易有关的知识产权争端。

协定共有7个部分,由73项条款构成。涉及的知识产权领域包括专利权、商标权(包括服务标记)、地理标志(即原产地名称)、工业品外观设计、版权及其相关权利、未公开的信息(包括商业秘密及保密的实验数据)、植物新品种和其他。主要条款有：一般规定和基本原则，关于知识产权的效力、范围及使用标准，知识产权的执法，知识产权的获得、维护及相关程序，争端的防止和解决，过渡安排，机构安排，最后条款等。协定的主要内容是：提出和重申了保护知识产权的基本原则，确立了《知识产权协定》与其他知识产权国际公约的基本关系。

协定保护的范围包括版权及相关权、商标、地域标识、工业品外观设计、专利、集成电路布图设计、未公开的信息包括商业秘密等七种知识产权，规定了最低保护要求；并涉及对限制竞争行为的控制问题，规定和强化了知识产权执法程序，有条件地将不同类型的成员加以区别对待。该协定的宗旨是促进对知识产权在国际贸易范围内更充分、有效的保护，以使权利人能够从其创造发明中获益，受到激励，继续在创造发明方面的努力；减少知识产权保护对国际贸易的扭曲与阻碍，确保《知识产权协定》的实施及程序不对合法贸易构成壁垒。

世界贸易组织的《与贸易有关的知识产权协定》是1994年与世界贸易组织所有其他协议一并缔结的，它是迄今为止对各国知识产权法律和制度影响最大的国际条约。与过去的知识产权国际条约相比，该协议具有以下三个突出的特点。

第一，它是第一个涵盖了绝大多数类型的知识产权的多边条约，既包括实体性规定，也包括程序性规定。这些规定构成了世界贸易组织成员必须达到的最低标准，除了在个别问题上允许最不发达国家延缓施行，所有成员均不得有任何保留。这样，该协议就全方位地提高了全世界知识产权保护的水准。

第二，它是第一个对知识产权执法标准及执法程序作出规范的条约，对侵犯知识产权行为的民事责任、刑事责任及保护知识产权的边境措施、临时措施等都作了明确规定。

第三，它引入了世界贸易组织的争端解决机制，用于解决各成员之间产生的知识产权纠纷。过去的知识产权国际条约对参加国在立法或执法上违反条约并无相应的制裁条款，《与贸易有关的知识产权协定》则将违反协议规定直接与单边及多边经济制裁挂钩。

世界贸易组织设置的《与贸易有关的知识产权协定》理事会是管理《与贸易有关的知识产权协定》并监督协议实施的常设机构，负责审查协议的实施并监督世界贸易组织各成员国履行协议规定的义务。

第四节　与知识产权相关的其他国际条约

根据《建立世界知识产权组织公约》，知识产权的种类包括：文学、艺术和科学作品；表演艺术家的表演以及唱片和广播节目；人类一切活动领域内的发明；科学发现；工业品外观设计；商标、服务标记及商业名称和标志；制止不正当竞争；以及在工业、科学、文学或艺术领域内由于智力活动而产生的一切其他权利。因此，从广义上来讲，下列国际条约也与知识产权密切相关。

一、《保护非物质文化遗产公约》

《保护非物质文化遗产公约》（*Convention for the Safeguarding of the Intangible Cultural Heritage*）于2003年10月在联合国教科文组织第32届大会上通过，2006年4月生效，旨在保护以传统、口头表述、节庆礼仪、手工技能、音乐、舞蹈等为代表的非物质文化遗产。该公约的宗旨在于：

① 保护非物质文化遗产；
② 尊重有关社区、群体和个人的非物质文化遗产；
③ 在地方、国家和国际一级提高对非物质文化遗产及其相互欣赏的重要性的意识；
④ 开展国际合作及提供国际援助。

非物质文化遗产又称口头或无形遗产，是相对于有形遗产，即可传承的物质遗产而言的。根据联合国教科文组织的定义，它是指"来自某一文化社区的全部创作，这些创作以传统为根据，由某一群体或一些个体所表达，并且被认为是符合社区期望的作为其文化和社会特性的表达形式，其准则和价值通过模仿或其他方式口头相传"，包括各种类型的民族传统和民间知识，各种语言，口头文学，风俗习惯，民族民间的音乐、舞蹈、礼仪、手工艺、传统医学、建筑术及其他艺术。

公约特别要求对各国和各地区现有的非物质文化遗产进行清点，列出急需抢救的重点和有重要代表意义的遗产项目，并且要求建立一个由专家和各会员代表组成的非物质文化遗产保护委员会，协调有关工作。

联合国教科文组织的专门委员会每年都会审议各国申报的遗产，然后决定是否将其列入名录。目前联合国教科文组织编制了"人类非物质文化遗产代表作名录""急需保护的非物质文化遗产名录"和"优秀实践名册"三项人类非遗名录。

截至 2018 年 5 月 11 日，随着所罗门群岛的加入，该公约已有 178 个缔约方。目前仅有美国、英国、加拿大、澳大利亚、新西兰、俄罗斯、以色列、利比亚等国尚未加入本公约。我国于 2004 年 8 月加入该公约。

保护非物质文化遗产政府间委员会由《保护非物质文化遗产公约》缔约方大会选举产生的 24 个成员国组成，是公约执行机构之一。

二、《保护和促进文化表现形式多样性公约》

《保护和促进文化表现形式多样性公约》(Convention on the Protection and Promotion of the Diversity of Cultural Expressions) 于 2005 年 10 月 20 日第 33 届联合国教科文组织大会通过。

"文化多样性"是指各群体和社会借以表现其文化的多种不同形式，不仅体现在人类文化遗产通过丰富多彩的文化表现形式来表达、弘扬和传承的多种方式，也体现在借助各种方式和技术进行的艺术创造、生产、传播、销售和消费的多种方式。

2006 年 12 月 29 日，我国第十届全国人民代表大会常务委员会第 25 次会议批准了该公约。

该公约的目标是：

① 保护和促进文化表现形式的多样性；

② 以互利的方式为各种文化的繁荣发展和自由互动创造条件；

③ 鼓励不同文化间的对话，以保证世界上的文化交流更广泛和均衡，促进不同文化间的相互尊重与和平文化建设；

④ 加强文化间性，本着在各民族间架设桥梁的精神开展文化互动；

⑤ 促进地方、国家和国际层面对文化表现形式多样性的尊重，并提高对其价值的认识；

⑥ 确认文化与发展之间的联系对所有国家，特别是对发展中国家的重要性，并支持为确保承认这种联系的真正价值而在国内和国际采取行动；

⑦ 承认文化活动、产品与服务具有传递文化特征、价值观和意义的特殊性；

⑧ 重申各国拥有在其领土上维持、采取和实施他们认为合适的保护和促进文化表现形式多样性的政策和措施的主权；

⑨ 本着伙伴精神，加强国际合作与团结，特别是要提高发展中国家保护和促进文化表现形式多样性的能力。

三、《生物多样性公约》

自 1972 年联合国在瑞典斯德哥尔摩召开人类环境大会后，各国政府签署了一系列有关环境保护的区域性和国际协议。1992 年，人类历史上规模最大的一次关于环境问题的首脑会议——联合国环境与发展大会在里约热内卢召开，会议签署了两个重要国际公约，即《气候变化公约》和《生物多样性公约》。

《生物多样性公约》（Convention on Biological Diversity）于 1992 年 6 月 1 日由联合国环境规划署（UNEP）发起的政府间谈判委员会第七次会议在内罗毕通过，1992 年 6 月 5 日由签约国在巴西里约热内卢举行的联合国环境与发展大会上签署。中国于 1992 年 6 月 11 日签署该公约，1992 年 11 月 7 日批准，1993 年 1 月 5 日交存加入书。《生物多样性公约》的动因是在生物技术专利与遗传资源之间，建立一种惠益分享制度，防止跨国生物技术公司对他国遗传资源的掠夺及不公平、不公正、不尊重性的适用，是国际社会努力完善、修改当代知识产权国际保护制度的一大举措。该公约建立了公平合理地共享遗传资源利益的原则，尤其是作为商业性用途，涉及了快速发展的生物技术领域，包括生物技术发展、转让、惠益共享和生物安全等。

《生物多样性公约》主要确立了三个目标：保护生物多样性；生物多样性组成成分的可持续利用；以公平合理的方式共享遗传资源的商业利益和其他形式的利用。

《生物多样性公约》是一个涉及利益分配的公约，其确定的发展中国家"公平合理地分享遗传资源地商业利益"极大地反映了发展中国家的诉求。同时也确定了三原则：国家主权原则；互惠合作原则；差别待遇原则。《生物多样性公约》共有 42 条和 2 个附件，其中第 1~5 条为一般性条款，第 6~21 条为实质性条款，第 22~42 条是程序性条款，其涵盖处理了包括生物多样性保护和可持续利用的措施激励手段、遗传资源的获取、生物技术的取得转让、技术和科学上的合作、影响评估、教育公众意识等。

四、地理标志的国际知识产权保护

地理标志首次出现于欧盟《关于保护农产品和食品地理标记和原产地名称条例》（2081/92 号/EEC）第 2 条第 2 款 b 项："地理标记是指一个地区、一个特殊的地方或一个国家（在个别情况下）的名称，用以表明某种农产品或食品来源于该地区、地方或国家，其具有的特别的品质、声誉或其他特点可归因于其地理来源。并且其生产或制造和前期准备是在当地完成的。"其后《与贸易有关的知识产权协定》在第22条第1款规定，所谓地理标志（geographical indications），是指标示出某商品来源于世界贸易组织某成员地域内或来源于该地域中某地区或某地方的标识，而该商品的特定质量、信誉或其他特征主要与该地理来源相关联。这两个文件中有关地理标志概念的表述基本一致，其中《与贸易有关的知识产权协定》的表述是公认的标准定义，我国《商标法》采纳了该种表述。我国《商标法》第十六条第2款规定："地理标志是指表示某种商品来源于某种地区，该商品的特定质量、信誉或者其他特征，主要由该地区的自然因素或人文因素所决定的标志。"

世界各国对地理标志法律保护采取以下专门立法、反不正当竞争法、商标法、混合立法等模式。以法国为代表的专门立法的国家，法国于1919年5月6日颁布了《原产地名称法》（最近一次修改是1996年7月6日），对本国原产地名称进行全面的保护。在法国法律上，原产地名称保护制度有两大类：一般制度和特别制度。一般原产地名称权产生的程序有司法程序和行政程序两种。葡萄酒和烧酒适用特殊制度。以日本、瑞典为代表的通过反不正当竞争法来保护地理标志，日本1934年在国会中获得通过了《不正当竞争防止法》。日本《反不正当竞争法》将假冒商品原产地的行为和使用使人误认商品出处的标志的行为，作为使人产生混淆或误认的不正当竞争行为而加以禁止。因该行为而可能使营业上的利益受到损害的人，可以要求制止此行为。如果实施此行为的人是故意或有过失的，可以要求其赔偿损失和采取恢复信誉措施。而以英国、德国、美国为代表的国家则通过商标法对地理标志进行保护。多数发达国家如美国、加拿大、澳大利亚、德国、欧盟等，主要是运用商标法将地理标志作为集体商标或证明商标注册保护。美国对其的保护，一般又可以分为三种具体的保护方法：以注册集体商标的方式保护原产地名称；通过注册证明商标的方式保护原产地名称；规定当事人可以通过选择注册集体商标或证明商标的方式保护。混合立法保护方式以西班牙为代表，即在商标局之外，另设地位独立的原产地名称局，相关当事人可以通过选择申请注册集体商标或证明商标或选择申请注册原产地名称的途径来获得对原产地名称权的保护，如果当事人选择两种保护方式，则可以获得双重保护。

由于世界各国对地理标志的保护采取不同的态度，国际上开始了协调行动。1883年《巴黎公约》率先将地理标志列入工业产权保护的范围，并且对假冒地理标志的行为作出了一些实质性的规定。1891年《制裁商品来源虚假或欺骗性标志协定》对禁止利用假冒地理标志实施不正当竞争行为进行了具体的规定，1958年《里斯本协定》规定了地理标志的国际注册程序。而后《与贸易有关的知识产权协定》框架中将地理标志认为是与贸易有关的知识产权之一。《与贸易有关的知识产权协定》中关于地理标志一节共有3条：第22条，对地理标志的一般保护的规定及评述；第23条，对葡萄酒和烈性酒地理标志的额外保护；第24条，地理标志的保护例外。

《与贸易有关的知识产权协定》第22条第1款规定："本协议的地理标志，系指下列标志：其标示出某商品来源于某成员地域内，或来源于该地域中的某地区或某地方，该商品的特定质量、信誉或其他特征，主要与该地理来源相关联。"

《与贸易有关的知识产权协定》第22条第2款规定："在地理标志方面，成员应提供法律措施以使利害关系人阻止下列行为：（a）不论以何种方式，在商品的称谓或表达上，明示或暗示有关商品来源于并非其真正来源地并足以使公众对该商品来源误认的；（b）不论以何种使用方式，如依照《巴黎公约》1967年文本第10条之二，则将构成不正当竞争的。"该规定实际上要求成员对违反地理标志第1方面要求（假冒地理标志所标示的商品来源）的行为加以制止。

《与贸易有关的知识产权协定》第22条第3款规定："如果某商标中包含有或组合由商品的地理标志，而该商品并非来源于该标志所标示的地域，于是在该商标中使用该标志来标示商品，在该成员地域内即具有误导公众不去认明真正来源地的性质，则如果立法允许，该成员应依职权驳回或撤销该商标的注册，或者依一方利害关系人的请求驳回或撤销该商标的注册。"该规定明确了注册商标不得和地理标志相冲突的规则。因为二者都是知识产权，发生冲突后必须根据权利产生的先后顺序来确定各自的效力，地理标志产生在先，自然应当否定和其构成冲突的注册商标的效力。

《与贸易有关的知识产权协定》第22条第4款规定："如果某地理标志虽然逐字真实指明商品之来源地域、地区或地方，但仍误导公众以为该商品来源于另一地域，则应适用本条以上三款。"该规定实际上要求的是对地名的使用应按诚实信用原则所决定的方式进行，以保护地理标志权利人的合法权益。

《与贸易有关的知识产权协定》第23条是关于对葡萄酒与白酒地理标志的补充保护。具体涉及四方面内容：①成员应制止用地理标志区标示并非来源于该标志所指的地方的葡萄酒和白酒，即使同时标示出了商品的真正来源地，即使该地理标志使用的是翻译文字，或即使伴有某某"种"、某某"型"、某某"式"、某某"类"，或相同的表达方式。②对于不符合地理标志要求的并非酒之来源地的葡萄酒和白酒的商标，成员应依职权驳回或撤销该商标的注册，或根据一方利害关系人的请求驳回或撤销该商标的注册。③如果诸多葡萄酒地理标志使用多音字和同形字的地理标志，则保护应及于每一标志。成员应在顾及确保给有关生产者以平等待遇，而且在不误导消费者的情况下，确定出将有关同音字和同形字地理标志之间区别开的实际条件。④为有利于葡萄酒地理标志的保护，应在"与贸易有关的知识产权理事会"举行谈判，以建立葡萄酒地理标志通告及注册的多边体系，使加入该体系的成员在保护地理标志方面可利用该体系。

拓展训练

一、单项选择题

1. 工业产权中的优先权原则最早是在哪一项国际公约中确立的？（　　）

   A.《建立世界知识产权组织公约》　　B.《与贸易有关的知识产权协定》

   C.《专利合作条约》　　D.《巴黎公约》

2. 下列哪个国际公约规定了有关知识产权保护临时措施？（　　）

   A.《巴黎公约》　　B.《与贸易有关的知识产权协定》

   C.《世界知识产权组织公约》　　D.《世界版权公约》

3. 《伯尔尼公约》是著作权领域第一个世界性多边国际条约，也是至今影响最大的著作权公约。下列关于该公约的说法哪一个是不正确的？（　　）

   A. 该公约采用自动保护原则

   B. 该公约不保护演绎作品

   C. 非成员国国民作品在成员国首次发表可以受到公约的保护

   D. 该公约保护作者的经济权利

4. 根据《巴黎公约》的规定，下列哪一标志可以在成员国之间取得优先权保护？（　　）

   A. 商品商标　　B. 服务标记

   C. 厂商名称　　D. 产地标记

二、多项选择题

1. 假设甲国为《伯尔尼公约》的成员国，乙国为非成员国。依该公约的规定，下列哪些作品可以享有国民待遇？（　　）

   A．甲国公民在甲国和乙国同时出版的文学作品

   B．乙国公民首先在甲国出版的文学作品

   C．在甲国有住所的乙国公民的文学作品

   D．乙国公民在乙国发表的文学作品

2. 根据《与贸易有关的知识产权协定》，下列哪些选项应受到知识产权法律的保护？（　　）

   A．独创性数据汇编

   B．动植物新品种

   C．计算机程序及电影作品的出租权

   D．疾病的诊断方法

3. 依据《与贸易有关的知识产权协定》，下列哪些表述是正确的？（　　）

   A．计算机程序应作为文学作品保护

   B．各成员可决定商标许可与转让的条件，但不允许商标的强制许可

   C．成员方必须以专利形式对植物品种提供保护

   D．司法当局有权禁止那些对知识产权构成侵权行为的进口商品进入商业渠道

三、简答题

1. 我国已经加入的知识产权国际条约主要有哪些？

2. 分析《巴黎公约》规定的优先权原则在我国《专利法》《商标法》中的立法体现。

3. 简要说明《巴黎公约》中关于驰名商标保护的相关规定。

4. 举例说明《与贸易有关的知识产权协定》对推动我国知识产权制度发展的意义。

四、法律应用题

1. 在世界贸易组织官方网站（www.wto.org）查阅利用WTO争端解决机制处理

的涉及我国知识产权纠纷的典型案例,分析产生纠纷的主要原因。如果你是中方涉案企业,你将如何应对?

2. 查阅《伯尔尼公约》,说明该公约对发展中国家有哪些优惠规定并分析其局限性。

第八章

知识产权查询常用工具

📝 **学习目标**

知识目标

- 掌握常用的知识产权检索工具
- 掌握知识产权检索的基本方法与步骤

能力目标

- 熟练运用知识产权检索工具进行知识产权检索
- 准确运用检索结果对知识产权布局进行分析

素质目标

- 树立知识产权法律观念
- 提高知识产权风险防范意识

🏠 **导入案例**

海尔创办于1984年,其商标规划和注册始终走在企业战略发展的最前沿。有品牌才有企业,有品牌才能创名牌。1985年1月,海尔申请注册了"琴岛-利勃海尔"商标,并且先后注册和形成了以"海尔兄弟"图形为代表的第一代原创商标。1991—

1998年，海尔抓住机遇，通过企业兼并进入了很多领域。这时，海尔将企业名称变更为"青岛琴岛海尔集团公司"，产品品牌也同步过渡为"琴岛海尔"，实现了企业与产品商标的统一，这形成了海尔第二代识别标识。但海尔人迅速意识到，这些识别标识无法与海尔多元化、国际化经营的商标和产品品牌定位相匹配。

1993年5月，海尔将企业名称简化为"海尔集团公司"，将英文"Haier"作为主识别文字标志，又将商标中文"海尔"及吉祥物"海尔兄弟"商标辅助推广，这为企业国际化奠定了形象基础。参与全球竞争才会有世界名牌，1998—2005年，海尔以出国创牌，而非出口创汇的观念确定了企业的战略定位。为进一步提高企业标识国际化认同度，根据国际一流知名品牌的商标管理经验和成功做法，海尔将中文"海尔"和英文商标进行重新设计和全球商标注册。在这一时期，海尔根据产品系列和海内外市场的拓展，进行了大量的具体产品商标的注册和保护，形成了1 000多件二级和三级产品商标，并且根据出口和商标的品牌价值评估，进行海外商标布局，为海尔的国际化战略提供了强有力的品牌法律基础支撑。

正如海尔CEO张瑞敏所提出的"没有成功的企业，只有时代的企业"，海尔的商标战略也随着企业管理模式的创新不断创新。海尔规划并开创了海尔、卡萨帝、统帅等多个品牌并行推进的局面。特别是2007年创立并于2008年注册的"卡萨帝"商标，中英文均是海尔首创用词，具有全球唯一性。海尔根据卡萨帝的定位规划进行了全类别和全球的商标注册，如今已成为高端家电的引领品牌，其在高端白色家电产品中的市场占有率超过60%。2011年，海尔通过并购日本三洋的白色家电产业，在以日本和东南亚为主的市场推出了AQUA主品牌并注册了AQUA、爱科雅等系列商标。2012年，海尔收购了家电最高端品牌斐雪派克，进一步完善了海尔的多品牌发展需求。

海尔共在全球190个国家和地区注册了4 800多件商标，其中，国内45个类别全部注册完成；国内有效商标1 200件，海外已获得注册的商标2 200多件。海尔在商品商标注册保护的同时，还进行营销商标Eco-life、Insprive-Living等的全球注册，并且统一在广告、企业形象宣传中的使用，形成海尔所独有的服务及营销标识和标志。

讨论：海尔集团在海外申请商标注册时，应首先考虑哪些基本因素？

第一节 商标查询工具

一、中国商标网

第一步：登录中国商标网，网址为 http://sbj.saic.gov.cn/，点击标题栏中的"商标查询"，出现点击标题栏中的"商标查询"，出现"商标查询使用说明"，点击"我接受"后，即出现相关的商标查询界面（见图 8-1）。

图 8-1 中国商标网商标查询界面

第二步：点击标题栏中的"商标综合查询"，进入商标综合查询界面（见图 8-2）。

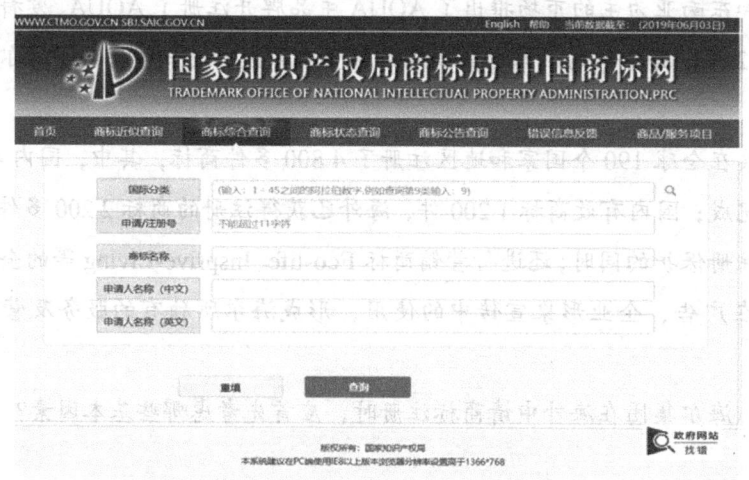

图 8-2 商标综合查询界面

以“五芳斋”商标注册情况为例，在商标名称一栏输入“五芳斋”点击“查询”，会查询到 146 个含有“五芳斋”字样的商标（查询时间为 2019 年 6 月 5 日），查询结果如图 8-3 所示。

WWW.CTMO.GOV.CN SBJ.SAIC.GOV.CN　　帮助　当前数据截至：(2019年06月03日)

检索到146件商标　　仅供参考，不具有法律效力

序号	申请/注册号	国际分类	申请日期	商标名称	申请人名称
1	36727134	35	2019年03月08日	五芳斋	武汉五芳斋食品贸易有限公司
2	36716404	43	2019年03月08日	五芳斋	武汉五芳斋食品贸易有限公司
3	36715014	35	2019年03月08日	五芳斋	武汉五芳斋食品贸易有限公司
4	36702696	43	2019年03月08日	五芳斋	武汉五芳斋食品贸易有限公司
5	36488540	30	2019年02月25日	五芳斋	浙江五芳斋实业股份有限公司
6	36485223	29	2019年02月25日	五芳斋	浙江五芳斋实业股份有限公司
7	36485219	29	2019年02月25日	五芳斋	浙江五芳斋实业股份有限公司
8	36476430	31	2019年02月25日	五芳斋	浙江五芳斋实业股份有限公司
9	36476272	30	2019年02月25日	五芳斋	浙江五芳斋实业股份有限公司
10	36470999	31	2019年02月25日	五芳斋	浙江五芳斋实业股份有限公司
11	35983235	43	2019年01月16日	五芳斋糯家	武汉五芳斋食品贸易有限公司
12	35974021	35	2019年01月16日	五芳斋糯	武汉五芳斋食品贸易有限公司
13	35967242	35	2019年01月16日	五芳斋糯家	武汉五芳斋食品贸易有限公司
14	35964553	43	2019年01月16日	五芳斋糯	武汉五芳斋食品贸易有限公司
15	33123368	30	2018年08月26日	五芳斋 始于 1921	浙江五芳斋实业股份有限公司
16	33123267	29	2018年08月26日	五芳斋 始于 1921	浙江五芳斋实业股份有限公司
17	33122754	31	2018年08月26日	五芳斋 始于 1921	浙江五芳斋实业股份有限公司
18	32946107	30	2018年08月16日	五芳斋糯家	浙江五芳斋实业股份有限公司
19	32932379	30	2018年08月16日	五芳斋糯+	浙江五芳斋实业股份有限公司
20	32928008	29	2018年08月16日	五芳斋糯家	浙江五芳斋实业股份有限公司
21	32925045	29	2018年08月16日	五芳斋糯+	浙江五芳斋实业股份有限公司
22	28810985	5	2018年01月19日	五芳斋	珠海横琴弘志信息科技有限公司
23	28749384	30	2018年01月17日	五芳斋红船	浙江五芳斋实业股份有限公司
24	23136170	43	2017年03月14日	五芳斋回味	武汉五芳斋食品贸易有限公司
25	20451761	29	2016年06月27日	五芳斋	浙江五芳斋实业股份有限公司

图 8-3　“五芳斋”查询结果示例

二、美国商标局

第一步：登录美国商标局网站：http://www.uspto.gov/。点击“Trademarks”下拉菜单中“TESS”，出现商标电子查询系统（Trademark Electronic Search System，TESS）页面，如图 8-4 所示。

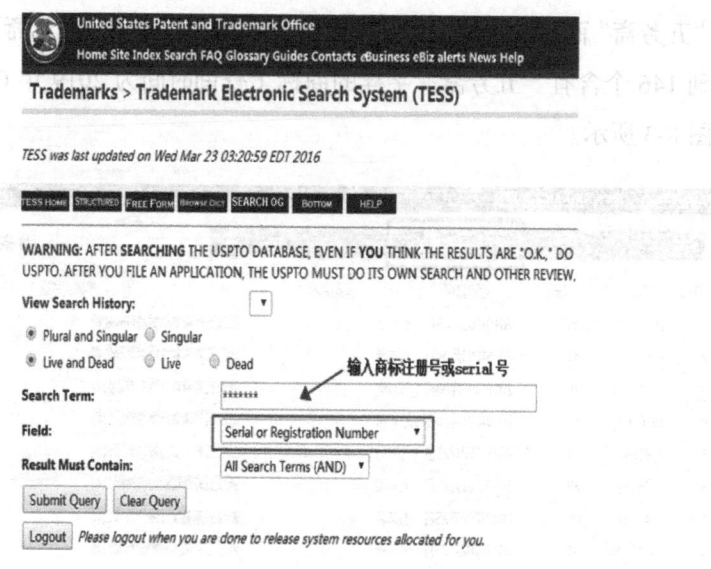

图 8-4　美国商标局商标电子查询系统页面

第二步：在商标电子查询系统页面中点击"Basic Word Mark Search(New User)"进行相关商标查询，如图 8-5 所示。

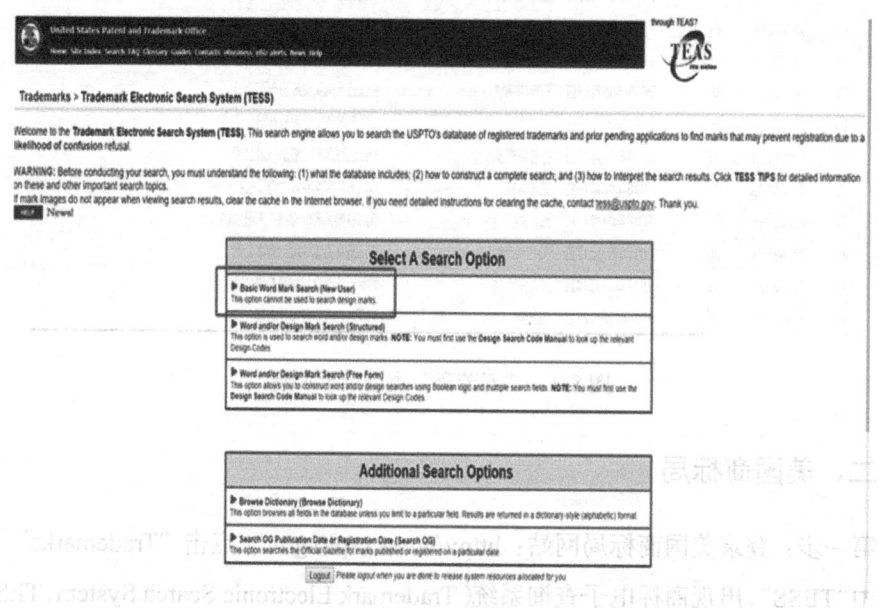

图 8-5　商标电子查询系统页面中点击"Basic Word Mark Search（New User）"

第三步：在"Search Term"一栏可以输入商标注册号或 serial 号，如图 8-6 所示。

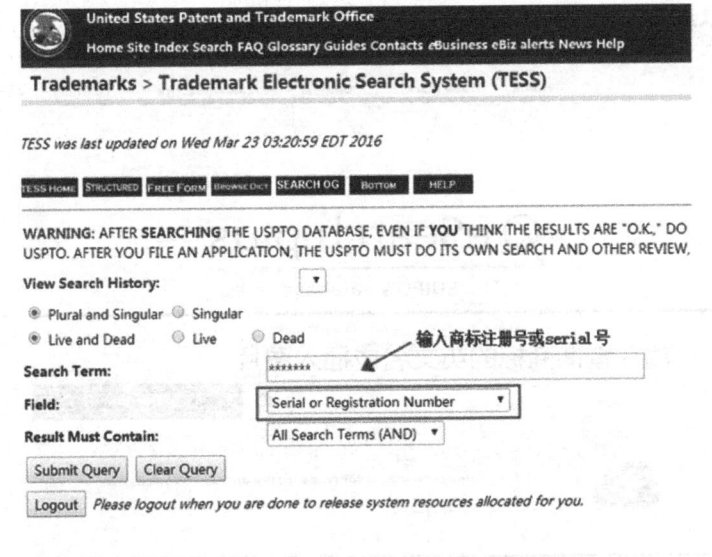

图 8-6　输入商标注册号或 serial 号

三、欧盟商标

第一步：登录欧盟知识产权局网站：https://euipo.europa.eu/ohimportal/home?Id=ABRUSLPN，点击"eSearch plus"，如图 8-7 所示。

图 8-7　欧盟知识产权局网站

第二步：输入查询商标的英文名（或插入图片亦可识别）即可查询，eSearch plus 搜索界面，如图 8-8 所示。

图 8-8　eSearch plus 搜索界面

四、世界知识产权组织

第一步：登录世界知识产权组织网站 https://www.wipo.int/reference/en/branddb/，并点击进入全球商标数据库（Access the Global Brand Database），页面如图 8-9 所示。

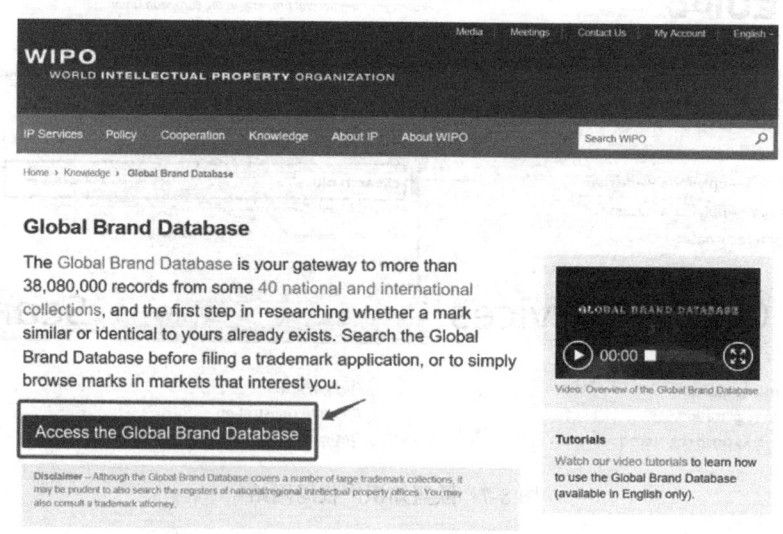

图 8-9　世界知识产权组织全球商标数据库网站

第二步：在出现的界面搜索框中选择商标名称、商标号等方式查询需要的商标，如图 8-10 所示。

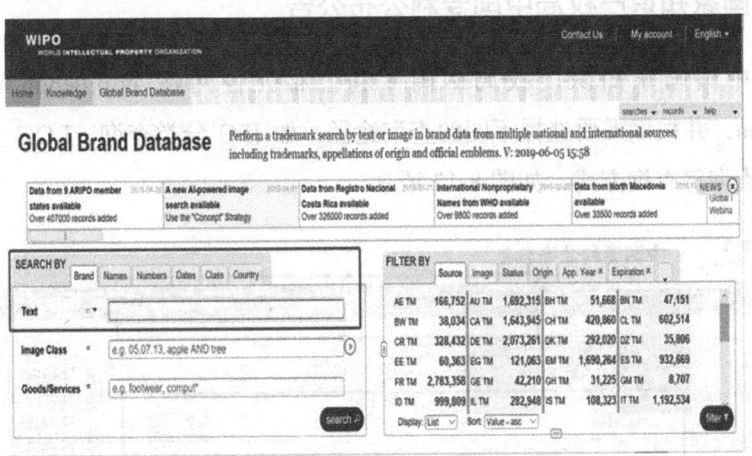

图 8-10　世界知识产权组织全球商标数据库查询界面

五、中国香港

进入中国香港商标查询网站 http://ipsearch.ipd.gov.hk/trademark/jsp/index.html，直接在搜索框中搜索查询商标（可选择商标号进行查询），界面如图 8-11 所示。

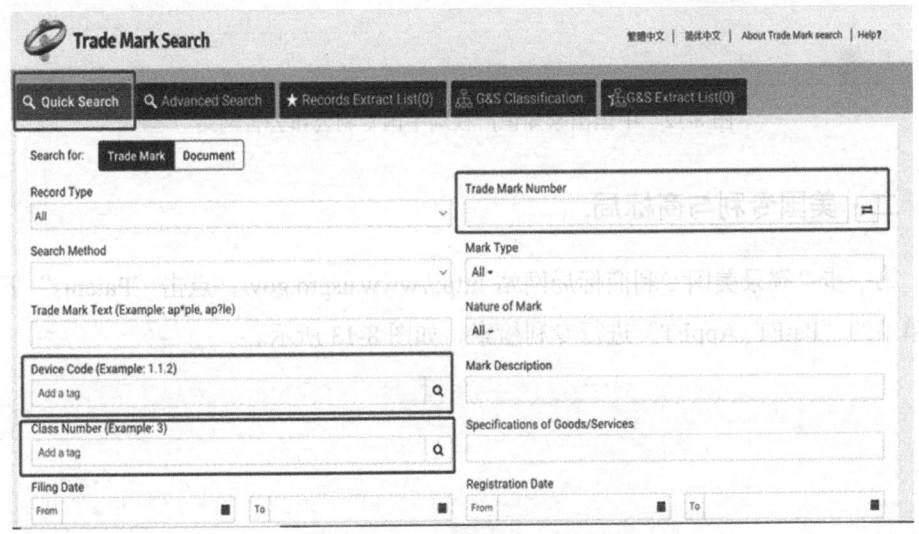

图 8-11　中国香港商标查询网站界面

第二节 专利查询工具

一、国家知识产权局中国专利公布公告

登录中国国家知识产权局中国专利公布公告网站 http://epub.sipo.gov.cn/index.action，并根据需要选择不同的查询途径，如 IPC 分类查询、LOC 分类查询、事务数据查询等查询方式，如图 8-12 所示。

图 8-12 中国国家知识产权局中国专利公布公告网站

二、美国专利与商标局

第一步：登录美国专利商标局网站 http://www.uspto.gov/，点击"Patents"下拉菜单中的"PatFT|AppFT"进行专利检索，如图 8-13 所示。

第八章 知识产权查询常用工具

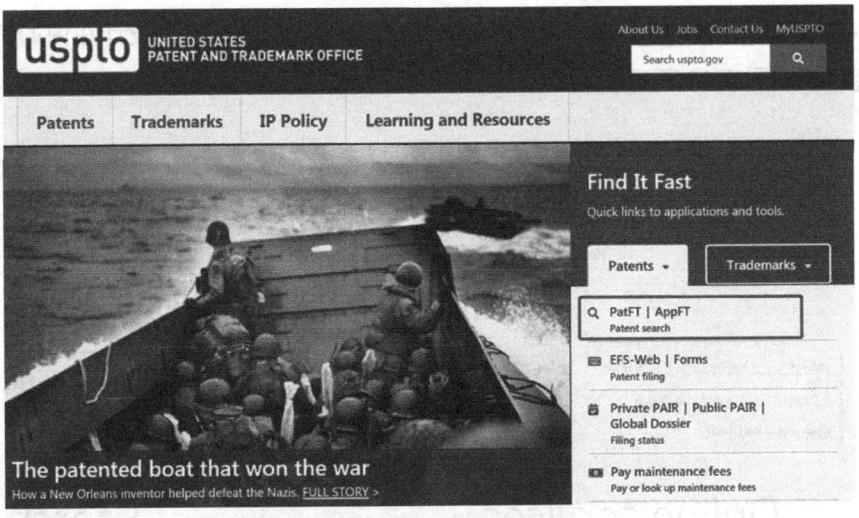

图 8-13 美国专利商标局查询界面

第二步：点击 "PatFT | AppFT" 进入查询界面，可选择 "Field 1" 中下拉菜单任一选项进行查询，如图 8-14 所示。

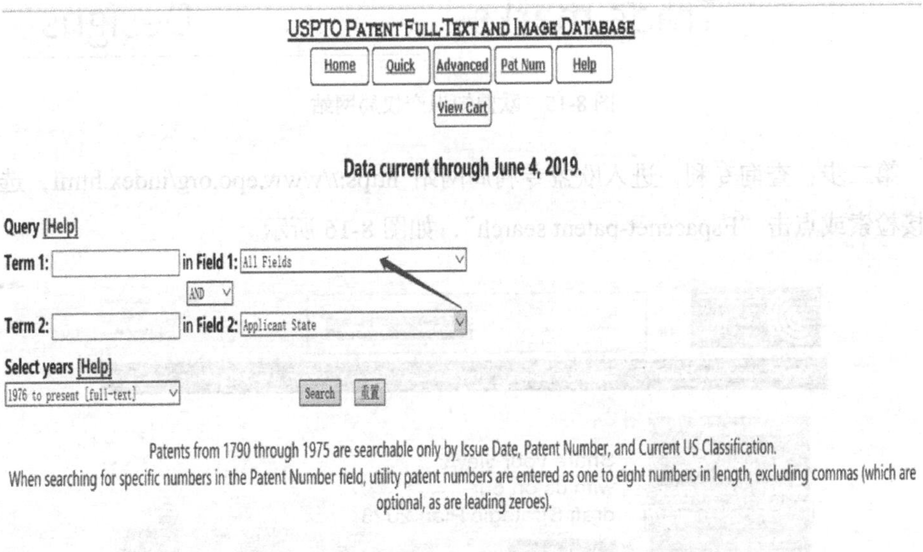

图 8-14 点击 "PatFT | AppFT" 后进入查询界面

三、欧盟专利（EPO）

第一步：查询注册设计，直接进入欧盟知识产权局网站 https://euipo.europa.eu/

ohimportal/en/home，然后点击"eSearch plus"（其中收录了包含设计在内的所有专利信息），如图 8-15 所示。

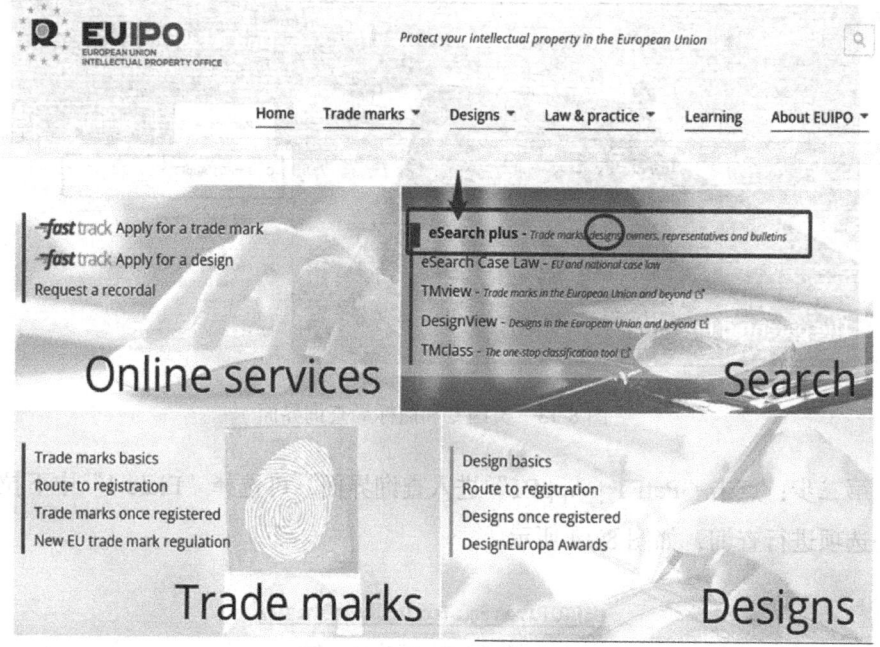

图 8-15　欧盟知识产权局网站

第二步：查询专利，进入欧盟专利局网站 https://www.epo.org/index.html，选择直接检索或点击"Espacenet-patent search"，如图 8-16 所示。

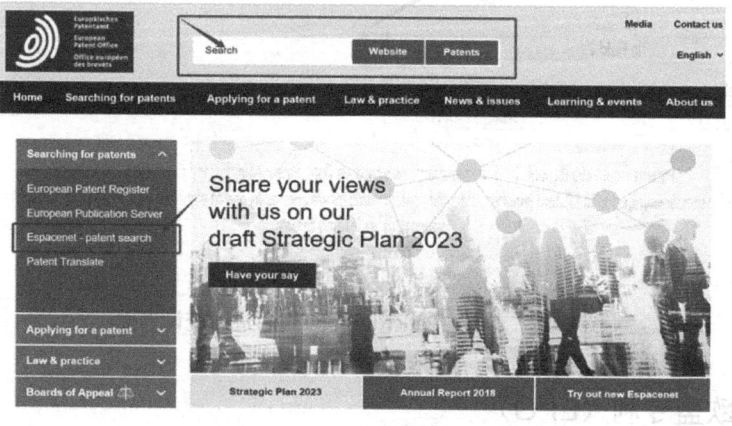

图 8-16　欧盟专利局网站界面

四、世界知识产权组织

1. 国际专利体系（PCT）

直接登录世界知识产权组织专利检索网站 https://patentscope2.wipo.int/search/en/search.jsf.，在下拉菜单选择输入专利号如图 8-17 所示。

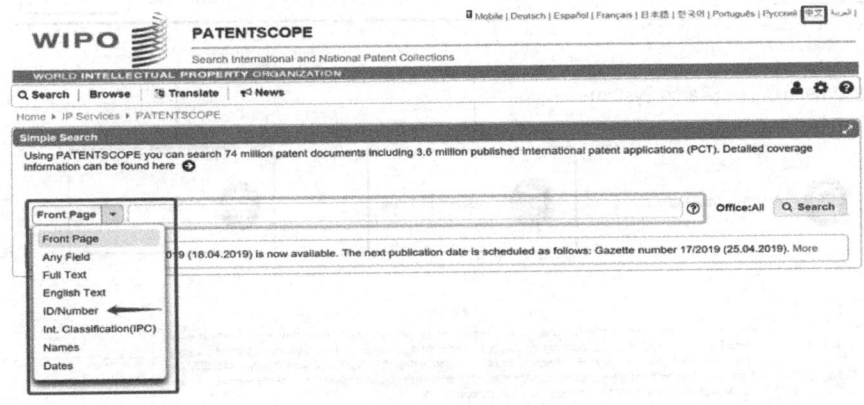

图 8-17　世界知识产权专利检索网站

2. 海牙国际外观设计体系

直接登录世界知识产权组织海牙国际外观设计体系网站 http://www.wipo.int/designdb/hague/en/进行查询，可点击"Numbers"，输入产品号码即可查询，如图 8-18 所示。

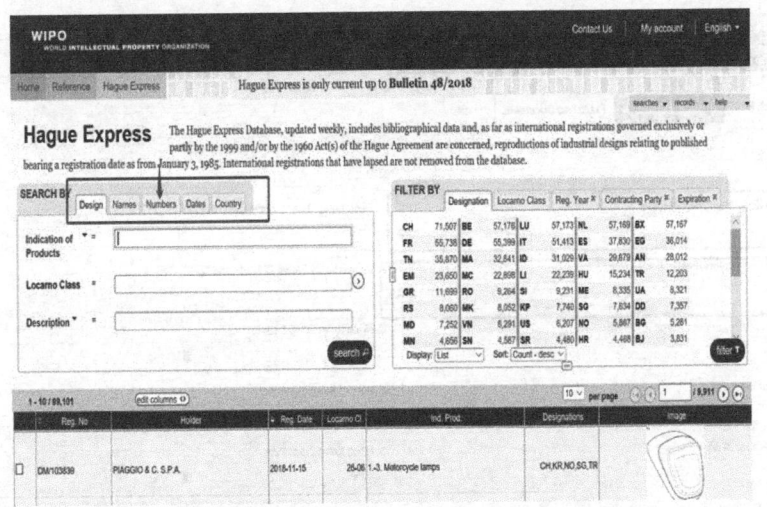

图 8-18　世界知识产权组织海牙国际外观设计体系网站

五、香港专利及注册外观设计

第一步：登录香港专利网上检索系统 http://ipsearch.ipd.gov.hk/index.html，点击"Search for Patents"或"Search for Designs"，如图 8-19 所示。

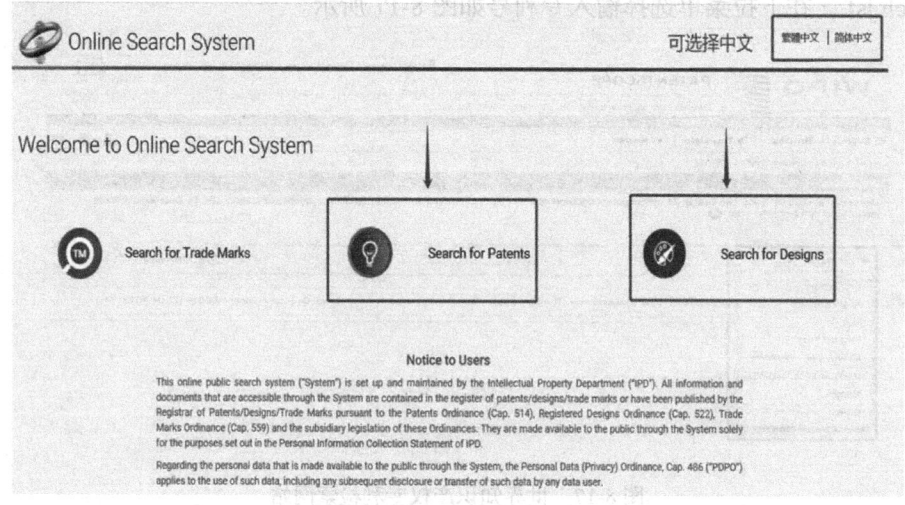

图 8-19　香港专利网上检索系统

第二步：选择快速查询专利项（Quick Search）输入专利申请号即可查询，如图 8-20 所示。

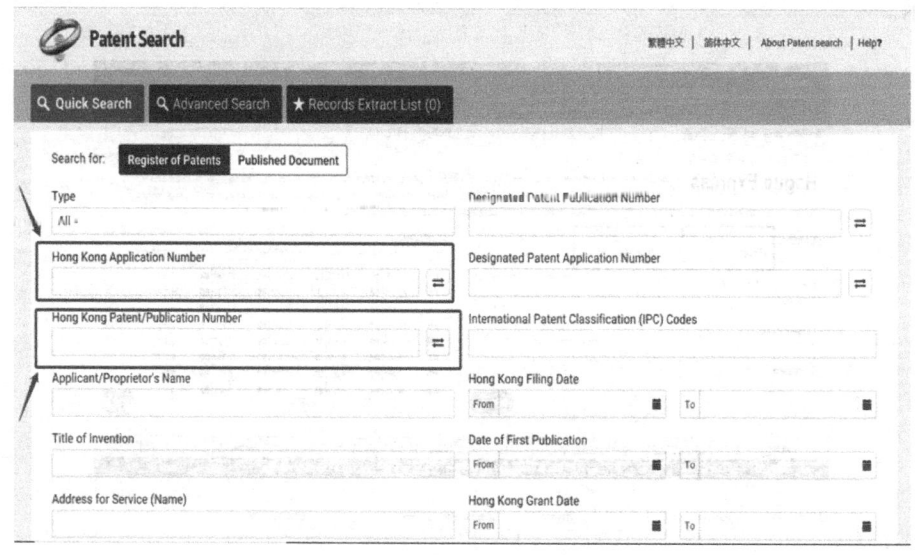

图 8-20　依据专利号查询香港专利

注册外观设计可输入编号查询，如图 8-21 所示。

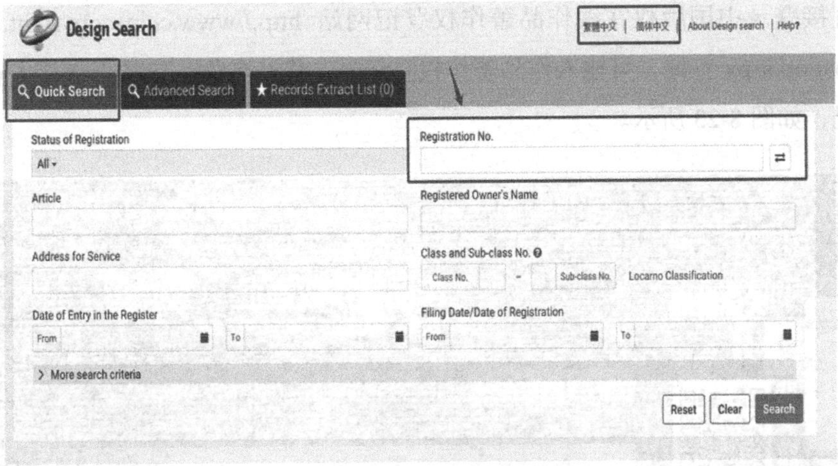

图 8-21　通过专利号查询外观设计专利

第三节　版权查询工具

一、我国软件著作权查询

直接登录中国版权在线软件著作权登记网站 http://www.chinacopyright.org.cn/findsoft.aspx 查询，可以选择直接输入软件著作权登记号、软件名称或软件著作权人查询，如图 8-22 所示。

图 8-22　中国版权在线软件著作权登记网站

二、作品著作权查询

直接登录中国版权在线作品著作权登记网站 http://www.chinacopyright.org.cn/findcreation.aspx 查询，可输入作品著作权登记号、作品名称、作品著作权人查询登记情况，如图 8-23 所示。

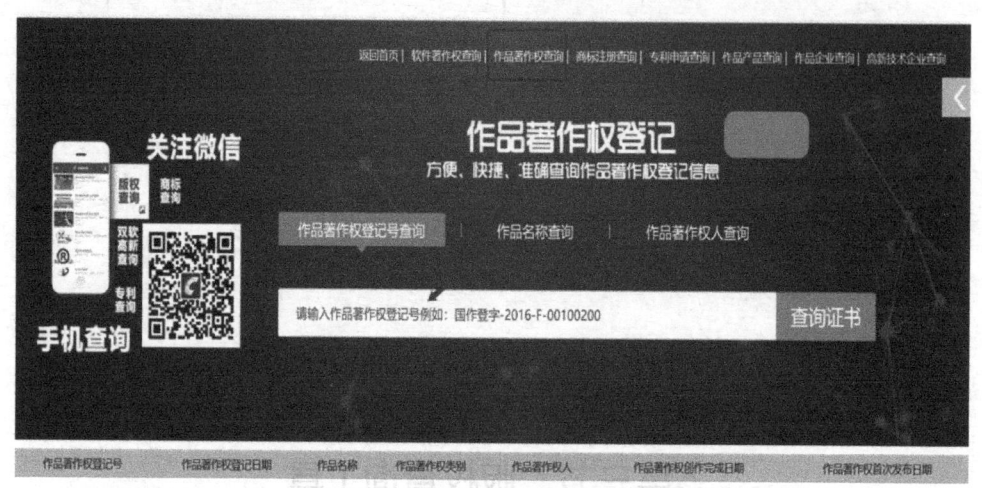

图 8-23　中国版权在线作品著作权登记网站

三、数字作品版权登记

DCI 是 Digital Copyright Identifier 简称，依据中国版权保护中心提出并起草、全国版权标准化技术委员会归口、国家新闻出版广电总局发布的《数字版权唯一标识符》标准，在对每一件数字作品进行版权登记或者合同备案时，均发放 DCI 码（见图 8-24）、DCI 标（见图 8-25）和数字作品版权登记证书（见图 8-26）。

图 8-24　DCI 码　　　　　　图 8-25　DCI 标

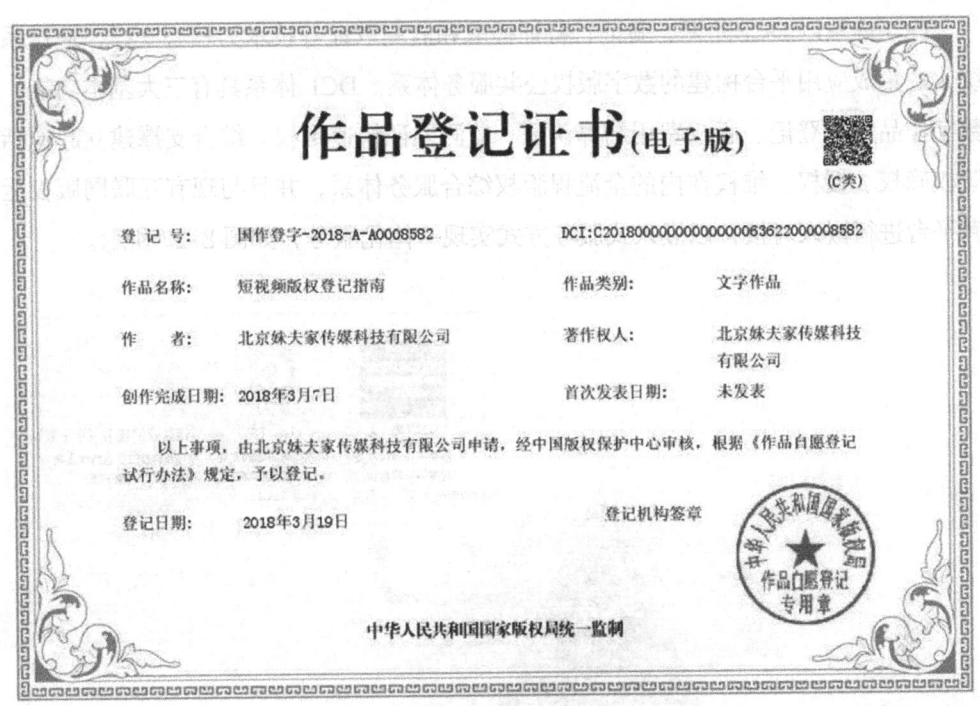

图 8-26 数字作品版权登记证书

DCI 体系以数字作品在线版权登记的创新模式为基本手段，为互联网上的数字作品分配永久的 DCI 码、DCI 标，颁发数字版权登记证书，并利用电子签名和数字证书建立起可信赖、可查验的安全认证体系，从而为版权相关方在数字网络环境下的版权确权、授权和维权等提供基础公共服务支撑。

通过对每件数字作品版权赋予唯一的 DCI 码，可使互联网上所有经过版权登记的数字作品都具有一个唯一的身份标识，通过该 DCI 码的查询和验证，即可达到确认作品版权的真伪、明确数字作品的版权归属的目的，从而实现数字作品版权的网上监测、取证、维权等工作，达到版权保护的目的。

将 DCI 在版权运营平台或者终端上的具体图形化为 DCI 标。该标采用封装技术将版权信息在前端进行直观展示，并且通过解析技术与中国版权保护中心的数字作品版权登记信息数据库相关联，实现互联网上数字作品版权信息在线识别与验证。

电子化的版权登记证书采用加密技术与电子签名技术将权利人、作品名称、版权信息及 DCI 码等封装成数字作品版权登记证书，通过该证书的验证机制，可以在数字网络环境下实现作品版权的自动核查，服务于电子政务、商务中的版权查验需求。

DCI 体系以 DCI 标识、验证、特征提取和监测取证等技术为核心支撑，通过系统化的集成应用平台构建的数字版权公共服务体系。DCI 体系具有三大基本功能：数字作品版权登记、版权费用结算认证、监测取证快速维权。综合支撑建立起包括版权确权、授权、维权在内的全流程版权综合服务体系，并且与现有互联网版权运营平台进行嵌入对接，以嵌入式服务方式实现一体化服务，如图 8-27 所示。

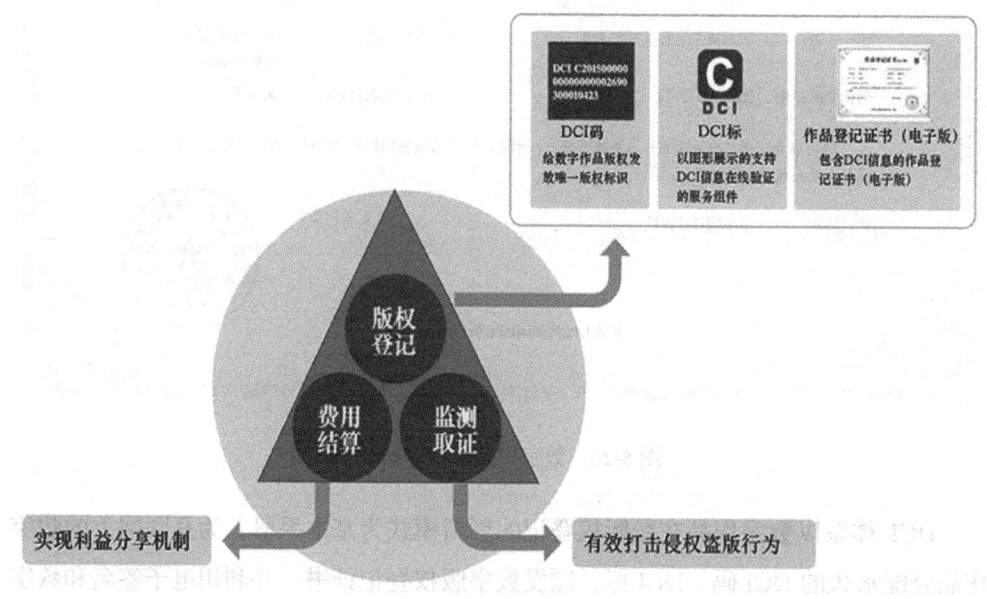

图 8-27　DCI 体系

通过 DCI 体系，社会各相关方可以方便地查验作品的权利人和权属状态，确认作品版权的真伪，为数字作品的版权保护提供了基本保障。同时，通过 DCI 体系的版权费用结算认证和监测取证快速维权，建立中立、公正、透明的第三方版权费用结算和版权利益分享机制，将有效解决困扰创作者和产业界的权利归属难以厘清、透明结算难以实现、盗版侵权难以遏制的难题。

DCI 体系是以技术标准为引领、模式创新为动力、技术创新为支撑、机制创新为保障的数字版权公共服务体系。DCI 体系是我国自主创新、自主可控的数字版权公共服务创新体系，该体系可作为我国互联网版权治理的基础设施，对我国构建和维护网络版权秩序、掌握网络空间国际话语权具有重要意义。

第八章　知识产权查询常用工具

拓展训练

一、法律应用题

1．徐福记由来自中国台湾的徐氏四兄弟于 1992 年在中国大陆注册创立，专注于生产经营糖果、糕点、沙琪玛、巧克力及果冻布丁等糖点休闲食品，自 1998 年以来在国内糖果市场上的销售额与占有率一直稳居首位。徐福记作为国内知名品牌，受到老百姓的喜爱。为了进一步扩大海外市场，该公司想将产品打入欧美市场，准备在欧美地区进行商标注册。

请利用所学的商标查询方法，帮助其查找"徐福记"商标在相关海外市场的注册情况。

2．进入中国专利信息检索系统，查找中国专利申请 CN98801121.1 的法律状态。

二、案例分析题

涉外侵权，eBay 卖家 PayPal 冻结案

eBay 平台一个中等规模的卖家，在 2017 年初忽然发现自己的 PayPal 账号被冻结了，紧接着收到了来自 PayPal 的邮件和电话，被告知收到美国法院的指示，由于该账号涉嫌侵权，所以 PayPal 暂时冻结了其账号，所有款项均不得提取和转移。

没过几天又收到一个叫作 GBC（Greer Burns & Crain）的美国律所发来的邮件，里面有案件编号，大概意思是他们确认该卖家侵权了，如果该卖家 21 天内不去美国应诉的话，法院就要进行缺席判决。

随后几天卖家疯狂上网搜索，搜索 GBC 是什么东西、PayPal 冻结会怎样、官司判输会怎样。不搜还好，一搜吓一跳，说什么的都有。要罚多少钱？店还开得下去吗？PayPal 账号中的钱怎么办？卖家被这些问题折磨到 21 天后的开庭。

卖家在 2017 年初不幸经历了 GBC 诉讼侵权事件，从了无头绪、愤怒到冷静后翻阅大量资料，再到联系律师，一路走来着实不易。整个案件流程一般会按照如下步骤进行。

（1）如果 PayPal 冻结，立刻查看 PayPal 注册邮箱，找出 PayPal 发来的冻结理由，确认 PayPal 是否收到了法院指令。

（2）几天后应该会收到 GBC 的邮件，也是发到 PayPal 注册邮箱里的，其中会有案件号码，还有个链接。点进去就能看到到底涉嫌侵权了哪个产品的知识产权。比如，近期的案子 Chrome Hearts LLC v. The Partnerships and Unincorporated Associations Identified on Schedule "A"；Case No. 17-cv-1109。可以看到案件号为 17-1109，原告为 Chrome Hearts（克罗心）。

（3）这时可以自查产品，想想有没有侵权。GBC 告侵权不仅仅是针对某一类别的，只要你的产品上有这个图案，都算侵权。如克罗心就是一个复古的十字架样子，你卖这个样子的耳环算侵权，卖的衣服上有这个图案也算侵权。不一定要一模一样，类似的也算侵权。

（4）这时应该立刻下架侵权产品，建议店铺也暂时关闭，客户付款的钱只要流进 PayPal，都是拿不出来的，只会白白损失。

（5）大多数案件都会在美国伊利诺伊州的 Northern District Of Illinois 执行，这个州的知识保护权益特别严格，所以 GBC 都把案件放在那里。

（6）这种案件一般都是快速审判的，流程为立案一周后进行动议案 Notice of Motion（听原告陈述案情），然后一周进行 Motion Hearing（听双方陈诉，基本中国卖家不可能去美国反驳 GBC）。最后，即立案后 21 天，法官判决（大多缺席审判，卖家不会到场）。GBC 拿到法院判决 Default Judgment Order，结束。

（7）Default Order 一般会给出如下判决。

① 由于被告缺席审判，所以原告胜诉；

② 被告赔偿原告 0~200 万美元，具体要看原告的要求和法官的判决；

③ 完全冻结限制卖家的 PayPal，全部资产优先偿还原告。如果金额不够，只要被原告发现，卖家所有相关联的 PayPal 资产都会被执行；

④ 关于卖家店铺，目前来看，eBay、速卖通和阿里巴巴国际站都会选择性执行。有的店铺会关闭，有的并不会。

结合上述案例回答下列问题：

（1）如果你是卖家，遇到这种困局会采取何种解决方式？

（2）结合本课程的学习，帮助该卖家制订一份详细的解决方案。

参考文献

[1] 郑红花. 跨境电子商务法律法规[M]. 北京：电子工业出版社，2017.

[2] 刘春田. 知识产权法[M]. 北京：高等教育出版社，2015.

[3] 韩旭. 跨境电子商务知识产权侵权风险及防范对策——以中国（杭州）跨境电子商务综合试验区为研究背景[J]. 特区经济，2017（4）：99-101.

[4] 钟磊. 中国软件业首例337调查案——触宝科技应诉经验评析[J]. 对外经贸实务，2016（9）：73-75.

[5] 苏凯. 跨境电商视角下知识产权保护相关问题研究[J]. 内蒙古科技与经济，2016（4）：17-19.

[6] 刘秀. 大数据时代企业商业秘密的侵权风险及防御策略[J]. 安徽商贸职业技术学院学报（社会科学版），2016（9）：45-48.

[7] 王越. 跨境电商的知识产权保护探析[J]. 劳动保障世界，2017（14）：70-71.

[8] 王金平. 我国知识产权保护现状及应对策略[J]. 中国报业，2015（22）：10-11.

[9] 韩旭. 跨境电子商务知识产权保护必要性分析——以中国（杭州）跨境电子商务综合试验区为研究视域电子商务中的知识产权问题[J]. 当代经济，2017（9）：74-75.

[10] 湛远知. 跨境电商中的知识产权风险与价值考量[J]. 杭州（生活品质），2016（10）：24-26.

[11] 湛远知. 跨境电商中的知识产权风险与应对——以中国（杭州）跨境电子商务综合试验区为背景[J]. 中共杭州市委党校学报，2016（1）：91-96.

[12] 孙康. 跨境电商的知识产权风险研究[J]. 对外经贸，2016（10）：126-127.

[13] 潘皞宇. 论知识产权国际化的保护模式及我国的应对策略[J]. 法学评论，2015（1）：152-159.

[14] 方旭辉.ODR——多元化解决电子商务版权纠纷新机制[J]. 法学论坛，2017（4）：155-160.

[15] 丁晖. 跨境电子商务多平台运营[M].北京：电子工业出版社，2015.

[16] 鲍泓. 电子商务法律法规[M].上海：华东师范大学出版社，2014.